OS MONGES E EU

OS MONGES E EU

MARY PATERSON

OS MONGES E EU
Como quarenta dias no mosteiro francês de
Thich Nhat Hanh transformaram minha vida

Tradução:
Marta Rosas

Editora
Pensamento
SÃO PAULO

Título original: *The Monks and Me*.
Copyright © 2012 Mary Paterson.
Copyright da edição brasileira © 2013 Editora Pensamento-Cultrix Ltda.

Texto de acordo com as novas regras ortográficas da língua portuguesa.
1ª edição 2013.
1ª reimpressão 2015.
Todos os direitos reservados. Nenhuma parte deste livro pode ser reproduzida ou usada de qualquer forma ou por qualquer meio, eletrônico ou mecânico, inclusive fotocópias, gravações ou sistema de armazenamento em banco de dados, sem permissão por escrito, exceto nos casos de trechos curtos citados em resenhas críticas ou artigos de revista.

A Editora Pensamento não se responsabiliza por eventuais mudanças ocorridas nos endereços convencionais ou eletrônicos citados neste livro.

Editor: Adilson Silva Ramachandra
Editora de texto: Denise de C. Rocha Delela
Coordenação editorial: Roseli de S. Ferraz
Produção editorial: Indiara Faria Kayo
Assistente de produção editorial: Estela A. Minas
Editoração eletrônica: Fama Editora
Revisão: Lilian S. M. Cajado e Vivian Miwa Matsushita

CIP-BRASIL. CATALOGAÇÃO NA PUBLICAÇÃO
SINDICATO NACIONAL DOS EDITORES DE LIVROS, RJ

P336m
Paterson, Mary
    Os monges e eu : como quarenta dias no mosteiro francês de Thich Nhat Hanh transformaram minha vida / Mary Paterson ; tradução Marta Rosas. — 1. ed. — São Paulo : Pensamento, 2013.

    272 p. ; 21 cm
    Tradução de: The monks and me
    ISBN 978-85-315-1841-6
    1. Vida espiritual - Budismo. 2. Meditação - Budismo. I. Título.

13-03620

CDD: 294.3444

CDU: 24-584

Direitos de tradução para o Brasil adquiridos com exclusividade pela
EDITORA PENSAMENTO-CULTRIX LTDA., que se reserva a
propriedade literária desta tradução.
Rua Dr. Mário Vicente, 368 – 04270-000 – São Paulo – SP
Fone: (11) 2066-9000 – Fax: (11) 2066-9008
http://www.editorapensamento.com.br
E-mail: atendimento@editorapensamento.com.br
Foi feito o depósito legal.

Para minha mãe e meu pai, com amor

Sumário

Nota da autora 11

Introdução
Saindo de casa para encontrar meu *Lar* 13

Entrando no mosteiro 17

Dia 1 Corpo
Refugiando-me em meu eu sábio 21

2 Mente de iniciante
Vencendo o tédio 30

3 Mente ética (*Sila*)
O matador de gatos 37

4 Mente concentrada (*Samadhi*)
O dia em que o monge acendeu minha coluna 43

5 Mente perceptiva (*Prajna*)
A lição em um peixe estragado 52

6 Parando
A mensagem em um sino que dobra 61

7 Esforço
Como *não* se tornar a supermulher 69

8 Silêncio

Como *não* acender um fogo 76

9 Ação

Por que é bom salvar um punhado de formigas 82

10 Paciência

Como tirar a pele de uma noz 88

11 Alegria

Cozinhando com os rapazes 93

12 Humildade

Brasil x Alemanha 98

13 Tranquilidade

A monja que cantou uma canção de ninar francesa 103

14 Estabilidade

O homem que surrupiou meus fones de ouvido...................... 108

15 Lucidez

Uma "inimiga" na ajuda a ver a verdade da

interdependência.. 115

16 Fé

Começando outra vez... 121

17 Gentileza

A mulher que me fez sopa.. 127

18 Humildade, parte 2

Perdendo um doutorado.. 134

19 Autenticidade

Como *não* ser dissimulado 138

20 Coragem

Conhecendo a outra peregrina órfã 142

21 Impermanência

Como ser com tudo enquanto tudo muda................................. 147

22 Terra

Sou a criança faminta 153

23 Água

Como um monge lava o rosto 159

24 Fogo

O irlandês feliz 164

25 Ar

Como uma mala cheia me ensinou a renunciar 169

26 Reverência

O monge que é sósia de Willem Dafoe 176

27 Compromisso

Olhar o sofrimento no olho 185

28 Graça

A beleza de um homem moribundo, um monge
que desliza e um bebê singular 190

29 Respiração

Como é que partimos do princípio de que nossa
respiração é eterna? 195

30 Catalisadores

Tsunamis, guerras e monges em chamas 200

31 Expansão

SAIA DE SEU PEQUENO EU! 205

32 Interdependência

Sem estrume não há flor 211

33 Transcendência

O anjo que veio a mim 219

34 Não eu

A maldição do ego 224

35 Espaço
O dia em que olhei entre os galhos da árvore 231

36 Transformação
Um monge de 84 anos se torna uma criança de 5 237

37 Trabalho
A advogada que se tornou monja 242

38 Gratidão
O que uma simples semente de romã me ensinou 248

39 Oração
O dia em que os monges cantaram 254

40 Amor
Flutuando em uma folha de lótus 260

A caminho de meu Lar 265

Agradecimentos 268

Recursos 270

Nota da autora

Gostaria de esclarecer que escrevi sobre minha peregrinação de quarenta dias à Vila das Ameixeiras com base unicamente em minhas próprias observações e reflexões, enquanto tentava absorver e aplicar os ensinamentos do Venerável Thich Nhat Hanh, em seu mosteiro budista na França. Meus escritos não pretendem ser uma análise acadêmica dos ensinamentos do Buda nem de Thich Nhat Hanh. E, é importante frisar, minhas descobertas não estão de modo algum relacionadas à orientação específica de Thich Nhat Hanh. Para uma percepção abrangente dos vastos e intricados ensinamentos do Buda, aconselho o leitor a explorar os vários livros exemplares escritos por Thich Nhat Hanh.

Todos os nomes próprios citados neste livro, inclusive os de meus companheiros de peregrinação, foram alterados, excetuando os das seguintes pessoas: meus irmãos, David e Iain, e minha cunhada, Janice. Além disso, Doug realmente é Doug. Meu companheiro de peregrinação Stuart, o escocês, de fato é um escocês chamado Stuart. Posso acrescentar que ele ficou encantado em aparecer no livro, mesmo sem saber o que eu diria a seu respeito. Confiança não lhe falta. E, finalmente, as Irmãs Pinho, Ameixa, Hanh Nghiêm e An Nghiêm gentilmente me deram sua permissão para incluí-las com seus nomes.

O apelido carinhoso do Venerável Thich Nhat Hanh é Thây (pronunciado "Tai"), que significa "professor" em vietnamita. Uso regularmente esse apelido carinhoso ao longo do livro.

E mais uma coisa antes de começarmos: quero expressar meu profundo agradecimento por você estar entrando nesta jornada comigo. Foi para você que escrevi este livro.

Que você possa refugiar-se em seu eu sábio e encontrar o caminho para seu Lar. E que isso lhe traga muita alegria.

Introdução
Saindo de casa para encontrar meu *Lar*

No oceano tempestuoso da vida, encontre refúgio em si mesmo.

— THICH NHAT HANH

Minha mãe faleceu há muitos anos. Após sua morte, encontrei conforto nos ensinamentos orientais do yoga e da meditação. Mas também percebi outra coisa. Quanto mais incorporava essas técnicas práticas à minha vida, mais alegria eu sentia e mais ricas se tornavam minhas experiências na vida como um todo. Essas práticas magistrais funcionaram como uma espécie de apoio em todas as minhas diversas dificuldades e desafios, que são os que acompanham a condição humana. Mas aí é que está: embora o yoga e a meditação tenham me beneficiado imensamente, não pus esses ensinamentos em prática na vida de forma sistemática. E então meu pai faleceu. Após sua morte, um amigo me disse: "Agora você é órfã, Mary". E foi isso. Eu não tinha onde ficar. Perdi meu lar de família.

A morte às vezes é uma força que desestabiliza. E, quando ela chega muito perto, você precisa de algum modo descobrir um meio de encontrar e reconstruir seu Lar seguro. Uma peregrinação de quarenta dias foi o que me ocorreu. O retiro de meditação mais longo que eu já tinha feito durara dez dias. Talvez quarenta dias me deixassem mais perto da força, do amor e do Lar que eu precisava reconstruir. Talvez uma peregrinação de seis semanas com um monge sábio no timão pudesse me trazer não só uma cura mais profunda da morte de meus pais, mas também orientação em meio às águas turbulentas da vida. Esse oceano, como todos nós sabemos, às vezes é tranquilo e às vezes é agitado. Todos precisamos nos preparar muito bem para os dias de tempestade.

Na ciência yogue, muitas vezes se usam ciclos para fortalecer hábitos que reafirmem a vida e nos façam avançar no caminho da sabedoria. Uma jornada sagrada de quarenta dias fornece respaldo à filosofia dos yogues antigos. Em muitas tradições culturais e espirituais, o período de quarenta dias é reconhecido como um intervalo-chave no qual a verdade desabrocha e é reconhecida. Cristo orou e jejuou durante quarenta dias no deserto para preparar-se e compreender seu desígnio; o mesmo fez o profeta Maomé em uma caverna. A transformação de Moisés no Monte Sinai durou esse período. Nos quarenta dias da Quaresma cristã, os fiéis renunciam a um prazer ou vício. E o Buda desfrutou da paz da iluminação sob a figueira por um período de pouco mais de quarenta dias.

Eu tinha 40 anos quando meu pai faleceu. Sabendo que uma prática espiritual de quarenta dias tem o dom de ser incrivelmente transformadora, pareceu-me particularmente adequado entrar nessa jornada de quarenta dias de renovação. Assim, sob o frio céu de novembro, com o místico número 40 a tiracolo, cruzei um oceano e dei início à minha peregrinação. Durante seis semanas, vivi praticamente como uma monja, ao lado de

Irmãs e Irmãos da Vila das Ameixeiras, em sua amada comunidade budista na região da Aquitânia, no interior da França. Durante seu retiro monástico de inverno, sob a tutela de Thich Nhat Hanh, vietnamita famoso no mundo inteiro como mestre zen, autor, ativista da paz e dos direitos humanos e indicado ao Prêmio Nobel da Paz, eu meditei, fiz jardinagem, caminhei, refleti sobre a vida, associei-me a peregrinos de todas as partes do mundo e olhei nos olhos de meus vários demônios enquanto ouvia atentamente um sábio monge de 84 anos falar sobre os antigos e sagrados ensinamentos do Buda.

Cada retiro monástico de inverno gira em torno de um tema que é anunciado no primeiro dia. Nesse retiro específico, Thich Nhat Hanh decidiu enfocar a nova ordem mundial, enfatizando a importância de *aplicar* os ensinamentos do Buda a nossa vida nos tempos atuais. Esse sábio monge pregou a necessidade de *chamar o sofrimento por seu verdadeiro nome*, de compreender que agora enfrentamos destruição ambiental, medo, terrorismo, aflição emocional, famílias despedaçadas e uma infinidade de males físicos e mentais. Por meio da prática budista da *atenção plena*, tocando a vida a fundo a cada momento, fomenta-se a compaixão, curam-se as feridas e cria-se uma base feita de coragem, força e sabedoria. Isso é *encontrar refúgio no eu*. A conscientização atenta da respiração une o corpo e a mente, e isso gera percepção. Você avança na compreensão da natureza da realidade e reconhece sua interconexão com toda a vida. E então seu eu forte e iluminado pode transformar e curar todos os seres do mundo. Você não está só.

A escritora norte-americana Annie Dillard disse: "O impulso de guardar para si o que aprendeu não é só vergonhoso, é destrutivo. Tudo que você não der livre e generosamente se perde para você".

E assim, com o lema de Dillard em mente, aqui estou eu, escrevendo sobre os quarenta dias em um mosteiro vietnamita na França, que me ensinaram a refugiar-me em meu eu sábio e a encontrar meu Lar.

Entrando no mosteiro

Estou de pé, do lado de fora de uma estação ferroviária na região da Aquitânia, na França. "Lá está ela", penso eu. Não é difícil encontrar a encarregada de me buscar; é a única mulher de cabeça raspada e veste monástica marrom. Ando em sua direção e sou imediatamente recebida com um largo sorriso. A Irmã An Nghiêm é uma negra norte-americana que trabalhava na prefeitura de Washington. E aqui está ela agora, em uma pequena aldeia do sul da França, levando-me para seu amado mosteiro budista.

Comigo vão também mais duas mulheres: uma britânica simpática, que ficará uma semana no mosteiro, e uma gélida norte-americana. Após quarenta minutos de viagem pelo deslumbrante interior da França, paramos diante do edifício principal, todo em pedra cinzenta, da Nova Aldeola, uma das duas residências para monjas da Vila das Ameixeiras. Gloriosos morros cor de oliva repletos de videiras roxas de frutas recém-colhidas e campos de girassóis do tamanho de pratos, que há apenas um mês devem ter atingido o auge da florescência, cercam vários edifícios grandes de aspecto antigo. A placa rústica de madeira do edifício principal diz: HAMEAU NOUVEAU, VILLAGE DES PRUNIERS. Estou olhando para o que será meu novo lar nos próximos quarenta dias.

Entro na majestosa casa de fazenda reformada e imediatamente sinto alívio. Meus ombros elevam-se cinco centímetros, como se uma enorme carga de preocupação desaparecesse de repente. A sala da frente da Nova Aldeola, clara e convidativa, está repleta de cabeças raspadas e vestes marrons que caminham de um lado para o outro, com um espírito de festividade que não se esperaria encontrar em um mosteiro ascético. Quando olho pela janela dos fundos, vejo um imenso gongo de latão pendurado majestosamente em uma estrutura aberta que lembra um templo, com quatro vigas que sustentam o telhado, forrado com um toldo duplo de beiradas viradas como uma flor de lótus em botão. O edifício de inspiração asiática fica em um campo aberto em meio a fileiras de macieiras e videiras. Não estou aqui há mais de cinco minutos quando uma alegre monja, uma Irmã vietnamita com um rosto de tom dourado que parece ter sido esculpido, toca meu cotovelo e diz: "Que bom conhecer você". Vejo que ela não está falando só por falar. Seu sorriso é radiante, e ela tem um ar travesso. Depois, durante o jantar, ficarei hipnotizada ao vê-la comer: essa Irmã tem os músculos do escalpo mais fortes que já vi, mais fortes que os de qualquer outra monja aqui e qualquer homem careca que eu conheça. Vou observá-la maravilhada enquanto sua cabeça ganha vida com as ondulações pulsantes que dariam inveja ao melhor e mais musculoso dos lutadores.

Após trocarmos algumas amabilidades, outra Irmã simpática leva-me até a parte de trás do edifício. Subimos alguns degraus e percorremos um longo corredor em direção aos dormitórios. Com a mala a reboque, vejo-me diante de uma porta cor de areia e de uma placa onde se lê: ÁGUIA. Na tradição dos indígenas da América do Norte, a águia é considerada uma "mensageira para o criador". Isso porque a águia é uma líder: é a ave que voa mais alto e vê mais longe. É ela que leva nossas mensagens até Deus.

Diz-se que essa criatura majestosa representa uma grande força, coragem e visão.

Olho para a porta do quarto vizinho ao meu. A placa que está lá diz: Paz. "É bom", penso eu. Mas fico feliz por dormir com a ave que tem linha direta com o Infinito.

Meu quarto é bastante básico. Não tem guarda-roupa nem mesa de cabeceira. Mal há espaço para duas minúsculas camas. Este é o menor quarto da Nova Aldeola, mas, por sorte, terei esta monástica morada só para mim. Iço minha pesada mala para cima de uma das caminhas. Tenho de curvar-me para olhar pela janela, um portal de aspecto antigo que me lembra a pequena arcada da entrada da casa de um *hobbit*. Estou em minha pequena caverna.

Minha mala fará as vezes de guarda-roupa, de modo que não demoro a arrumar minha aconchegante casinha de *hobbit*. Desço para encontrar as pessoas, belos rostos vindos de todas as partes do mundo, mulheres e monjas de todas as idades e etnias. Hoje é sábado, dia de novas chegadas, e muitas se parecem comigo: curiosas e de olhos bem abertos. A principal área de reunião é o refeitório, onde há fileiras de mesas de madeira, um aparador com chá e café, e uma lareira. Na frente do refeitório, há um quadro branco onde diariamente são colocados avisos em francês, inglês e vietnamita.

Logo soa um gongo, não o grande que fica na área externa, mas sim um menor, pendurado bem na entrada da cozinha. É um som agradável que sinaliza o início do jantar. As refeições são sempre feitas em silêncio durante vinte minutos. Seguindo as demais, entro na fila de monjas e mulheres que se colocam diante de uma longa mesa de bufê, cheia de pratos de aparência saudável. Ponho em meu prato duas colheres grandes de lentilhas verdes, macarrão *vermicelli* e repolho roxo ao vapor. Por cima de tudo, molho marrom-escuro de missô. Sento-me a uma das mesas do refeitório, cheia de expectativa. Sem dúvida, alguma coisa vai acontecer aqui. Não sei bem o que, mas vai começar agora mesmo com essas lentilhas. Nos próximos quarenta dias, verei a força e a importância da oração, da atenção plena e da atenção durante o comer.

Uma monja faz soar um gongo (o interior) e lê uma oração. Agora temos permissão para comer. A Irmã que me cumprimentara antes, a do escalpo de lutador musculoso, está sentada a uma mesa defronte de mim, com seus músculos vibrantes bem à vista. Outra Irmã vietnamita senta-se bem a meu lado, embora haja muitos outros lugares livre à mesa. "Exatamente o oposto do que aconteceria em qualquer restaurante", penso. Esta monja com ar de querubim senta-se a uma cômoda proximidade. Olhando-me diretamente nos olhos, abre um sorriso largo e cheio de dentes, empurra as mãos contra o coração e faz uma lenta reverência com a cabeça. Meu coração dói.

E a jornada se inicia...

≈ Dia 1 ≈

Corpo:
Refugiando-me em meu eu sábio

Ao nascer, o homem é tenro e flexível; morto, ele é duro e rígido. [...]
Portanto, quem for rígido e inflexível é discípulo da morte.
Quem for tenro e flexível é discípulo da vida.

— TAO TE KING

Não é que seja uma maneira ruim de acordar; só é muito cedo. Uma monja budista está fazendo soar um gongo de latão, e são 5 horas da manhã. Meus olhos se abrem e imediatamente se fecham. Não consigo me levantar. Na verdade, o som do gongo é bem agradável. Eu dormiria facilmente embalada por suas vibrações hipnóticas. Sair de meu cobertor quentinho significaria enfrentar de cara o ar gelado de meu exíguo quarto monástico. Mas, como a meditação começa às 5h30 da manhã, tenho de me apressar — não se permitem atrasos no Salão do Buda. Olhos abertos de novo. Dessa vez, enfrento o ar frio como gelo, jogo meu xale de lã cor de marfim sobre os ombros, ainda doloridos da viagem, e desço os degraus da residência para o caminho externo que conduz ao Salão do Buda. O sol ainda está escondido.

Agora estou sentada no chão, sobre um colchonete quadrado azul--marinho, na primeira de oito fileiras verticais que se alongam em direção a uma magnífica estátua branca do Buda, de mais de 1,80 m de altura, que fica em um nicho da parede de pedra. Diante da estátua, há um altar com incenso e flores. Após um exame mais atento, percebo que o Buda é rosa--salmão, mas parece branquíssimo por efeito das luzes do salão.

Todas as Irmãs da Nova Aldeola e as peregrinas visitantes estão reunidas para cantar, orar, respirar e curvar-se diante da terra em reverência aos grandes ensinamentos do Buda. A sorte me trouxe aqui, mas, mesmo assim, não consigo deixar de pensar por que as Irmãs que vejo escolheram a vida monástica, praticamente renunciando *para sempre* a parceiros amorosos, filhos, cafés com leite lendo o *New York Times* nas manhãs preguiçosas de domingo e banhos quentes em banheiras com perfume de lavanda. "E elas acordam de madrugada todos os dias", penso com meus botões durante um momento de dispersão mental. Em vez disso, eu deveria estar pensando: *Inspirando, tenho consciência de meu corpo. Expirando, libero a tensão de meu corpo.* "E é muito provável que elas acordem cedo pelo resto de seus dias." Com esse último pensamento, olho com admiração as mulheres ali sentadas para meditar. E volto ao momento. *Inspirando, tenho consciência de meu corpo. Expirando, libero a tensão de meu corpo.* Enquanto me volto para dentro de mim mesma, minha respiração se torna gradualmente profunda e lenta. Atentar para esses sussurros lânguidos torna meu corpo mais suave.

Depois, vou me referir às monjas usando a palavra "mulheres", para ser imediata e firmemente repreendida por uma Irmã de ar severo, que me faz lembrar de outra Irmã (esta, dos meus dias de colégio católico, dura como uma pedra): as Irmãs não devem ser chamadas de mulheres; elas devem ser chamadas de Irmãs ou monjas.

O primeiro de meus quarenta dias é um turbilhão de belas cabeças raspadas, vestes marrons, cânticos resplandecentes e paisagens majestosas. Minha profunda curiosidade toca tudo isso. A Vila das Ameixeiras é outro universo.

Após o jantar e o chá de flor de tília com minha nova amiga britânica, aquela que chegou comigo ontem, resolvemos fazer uma caminhada lá fora para ver um céu nigérrimo, cheio de aglomerados de estrelas luminosas. O ar cheira à terra, úmido, rico e fresco. Respiro na densidade. Depois de mais três inspirações densas, o cansaço finalmente me vence. Dou boa-noite à minha companheira de caminhada e volto para a residência. Ao fim deste longo primeiro dia, a única coisa que eu quero é uma chuveirada. Agora estou em um banheiro tão minúsculo que toda vez que me viro, bato com alguma parte do corpo em uma parede. "Mas esta chuveirada será gloriosa", penso. Mal posso esperar que a água quente caia em minhas costas cansadas. Tiro a roupa, abro a torneira, espero o deleite. Só que, em vez de um jato forte de água bem quente, escorre um fio de água tépida. Minhas sobrancelhas se franzem. Entro no box mesmo assim, na ilusão de que a *força de vontade* possa ligar um aquecedor. Mas — e sei que você já adivinhou — assim que acabo de me ensaboar, o fio de água cessa. Estou nua, molhada e tremendo de frio. Cheguei a dizer que estou coberta de espuma e que o corpo todo coça? Olho para os pelos arrepiados de meu corpo. Só que estou em um mosteiro e talvez aqui o ar simplesmente seja diferente. Nos poucos instantes em que fiquei ali em pé, pensando no que poderia fazer, lembrei do ditame de Thich Nhat Hanh: "Refugie-se em seu eu". "Certo, foi por isso que vim para cá: para descobrir como me refugiar em mim mesma, não importa o que esteja acontecendo", penso. Não posso esquecer que o monge que disse essas palavras verdadeiras é meu guia nesta jornada. O simples fato de me lembrar disso me relaxa um pouco, e então minha concentração se aguça. Penso em minhas opções. Posso enrolar esta diminuta toalha em torno de meu corpo molhado, correr até a ala das monjas e entrar em um dos chuveiros delas. Rapidamente descarto a ideia. Posso ficar aqui e rezar para que a água volte. Parece burrice. Ok, que tal isto: posso seguir a sugestão do monge e *voltar para a ilha que eu sou*.

Então, aqui estou. São 10 horas da noite. Não se ouve nem um pio na residência. Todos estão na cama, e eu estou aqui cansada, com frio, molhada e nua, com sabão no corpo todo, em um box de paredes beges debaixo de um chuveiro que não tem água. Em um mosteiro. Na França. Não há mais nada a fazer, a não ser ficar aqui e respirar. E então talvez, só talvez, alguma ideia do que fazer apareça por milagre. Encaro uma das paredes beges do box retangular do chuveiro. Uma aranha negra e ágil sobe por um dos cantos. Ela deve estar feliz por não haver nenhuma água aqui. Concentro-me em seu corpo de aranha, negro e brilhante. Logo em seguida, ouço minha respiração. Banho-me em seu som. Escuto o ar úmido entrar em meu peito. Deixo-me inundar pela sensação da expiração seguinte. Inspirar. Expirar. Imobilidade. Inspirar. Expirar. Imobilidade. Sei que estou respirando. Em mais ou menos um minuto, meus pelos arrepiados começam a baixar. Estou cedendo. De algum modo, começo a aceitar minha situação. Se a água vai voltar ou não, não tem nada a ver comigo. Então por que lutar com rigidez e inflexibilidade? "E, além disso, por que me bater contra todas as coisas da vida que não posso controlar?" Agora estou falando com o aracnídeo. "Posso controlar meu corpo, certo? Mas não o ambiente que me cerca." Aproximo o rosto da aranha, agora imóvel, e examino suas oito patas finas e livres de sabão. "Você sabe disso, não sabe? Por que eu não lembro disso sempre?" Digo isto em voz alta, tendo a aranha por testemunha: "Refugie-se em seu eu, Mary".

⚬⚭⚭⚭⚬

Os ensinamentos orientais afirmam que o corpo é um microcosmo do universo. Quando entra em sintonia com seu corpo, você o conhece. Então, por você ter percepção desse corpo (o microcosmo), o funcionamento do mundo (o macrocosmo) lhe é revelado. Aí está uma grande capacidade.

Dominar a si mesmo é dominar o mundo.

Pense em tudo aquilo que você faz com seu corpo. Hoje cedo, retirei ervas daninhas da horta em que as monjas plantam frutas, legumes e ervas orgânicos. Essa é uma das muitas meditações de trabalho de que os visitantes devem participar enquanto estiverem no mosteiro. No jantar, deliciei-me com as folhas de rúcula e espinafre dessa mesma horta. Depois do excesso de *croissants* amanteigados em Paris antes da peregrinação, mesmo apenas um dia depois de começar a fazer refeições muito ricas em nutrientes, sinto leveza no corpo e lucidez renovada na mente.

O que comemos influi sobre nossa mente e tem impacto em nossa saúde. É por isso que, aqui na Vila das Ameixeiras, se presta muita atenção à qualidade de todas as refeições. Com o excesso de açúcar, como o de rosquinhas doces enjoativas, vemos tudo como se estivesse por trás de um véu de neblina; com o excesso de especiarias (cuidado com a pimenta!), não conseguimos nos concentrar durante a meditação; se comemos em excesso, ficamos sonolentos. Tudo que ingerimos nos afeta de algum modo. E tem mais: o tipo errado de comida pode criar uma profunda tensão no corpo. É difícil voltar para a ilha que você é se essa ilha estiver cheia de dor. Quem quer visitar uma morada em que há sofrimento?

Deliciando-me hoje com essas maravilhas saudáveis, me pergunto por que não tenho disciplina para comer bem em casa sistematicamente. As batatas fritas com sal e vinagre fazem meus músculos doerem, como se gritassem pela verdadeira nutrição. Em apenas 24 horas, o fato de estar no mosteiro despertou-me para meu próprio sofrimento. Agora percebo que adoto um padrão que se alterna entre tratar e não tratar meu corpo com o respeito que ele merece.

Thich Nhat Hanh diz que a tensão física que existe em nosso corpo é "uma espécie de sofrimento". Com o tempo, o sofrimento acaba provocando doenças se não tivermos uma técnica eficaz para liberar essa tensão regulamente. "Devemos sempre procurar ter compaixão por nós mesmos, a fim de compreendermos como reduzir o sofrimento que trazemos dentro de nós." Thây fala de *encontrarmos refúgio em nosso eu*, de *voltarmos para nosso lar e para nós mesmos* por meio da conscientização atenta da respiração. Essa técnica de respiração consciente, aconselhada pelo Buda como receita para livrar-nos de nosso sofrimento, unifica a mente e o corpo para que possamos nos estabelecer no aqui e agora. Faço o primeiro de muitos votos silenciosos: "Estou decidida a lembrar de respirar com atenção plena."

Então, quem é o Buda? Quem é esse *ser* que influenciou tanta gente, inclusive Thich Nhat Hanh?

O Ser iluminado que agora chamamos de Buda era um homem chamado Siddhartha Gautama, que viveu na Índia há mais de 2.500 anos. Era um jovem que buscava, pois queria entender a natureza da existência e da vida humana. Após seis anos de intensa prática com diversos mestres espirituais renomados, Siddhartha sentou-se sob uma figueira e jurou não se levantar enquanto não se iluminasse. E lá ficou a noite inteira. E, quando surgiu a estrela d'alva, ele teve uma revelação importantíssima que o encheu de compreensão e amor. E iluminou-se. Após desfrutar dessa percepção durante 49 dias, o Buda foi ao Parque dos Cervos, em Sarnath, e reuniu-se a cinco outros ascetas. Como relata Thich Nhat Hanh em *The Heart of the Buddha's Teachings*, o Buda então proclamou alguma versão do seguinte ensinamento: "Vi, com toda a profundidade, que nada pode ser apenas por si, que tudo precisa *inter-ser* com tudo mais. Vi também que todos os seres são dotados da natureza do despertar".

E então o Buda ensinou As Quatro Nobres Verdades:

1. O sofrimento existe.
2. O sofrimento se cria.
3. Existe uma maneira de pôr fim a esse sofrimento.
4. Existe um caminho específico para a restauração do bem-estar, que se chama O Nobre Caminho Óctuplo.

"Onde quer que O Nobre Caminho Óctuplo seja praticado haverá alegria, paz e percepção."*

Thich Nhat Hanh chama a atenção para a interdependência presente na natureza desse Nobre Caminho de Oito Ramos: Visão Correta, Intenção Correta, Linguagem Correta, Ação Correta, Vida Correta, Esforço Correto, Atenção Correta e Concentração Correta. O mestre zen observa que "cada ramo contém os outros sete".

Já que estou aqui para *aplicar* os ensinamentos do Buda, e agora que estou gratamente deitada em minha cama quentinha, reflito sobre esse

---

* *Mahaparinibbana Sutta, Digha Nikaya*, 16.

pequeno, embora frustrante, incidente com minha chuveirada monástica inaugural. Estava cansada, molhada e com frio, situação aflitiva que constitui uma prova da Primeira Nobre Verdade: eu estava sofrendo. Isso é algo bastante claro. Minha aversão à falta de água era a Segunda Nobre Verdade, ou seja: havia uma razão para eu estar sofrendo, e essa razão era o fato de eu detestar ficar molhada e com frio! Sempre existem opções. Diante da falta de água no chuveiro, eu poderia ter lutado contra essa realidade ou aceitado minha situação. O fato de eu ter entendido que era possível reduzir meu desconforto por meio da atenção plena comprova a Terceira Nobre Verdade: havia uma saída para o sofrimento. Então, a opção por concentrar-me em minha respiração me trouxe um pouco de alívio da frustração, além de um pouco de percepção. Eu sabia que meu desconforto não era permanente. Nada dura — nem a dor, nem o prazer. Minha respiração concentrada me levou de volta à ilha que eu sou, ilha em que existem muitos recursos e muitas percepções. Nesse caso, o reconhecimento desta simples verdade: a falta de água em um chuveiro é um incômodo bem insignificante. Há uma certa liberdade em reconhecer quando você não tem absolutamente nenhum controle em uma situação. A aceitação é totalmente libertadora, assim como a resolução. Minha frustração imediatamente se reduziu à metade. Eu tocara a Quarta Nobre Verdade, o caminho que restabeleceu meu bem-estar.

Hoje vislumbrei as imensas possibilidades da atenção plena. Reflito e concluo que a volta à ilha que eu sou, a busca de refúgio em mim mesma, emancipa e liberta. Mas me pergunto se conseguirei chegar lá quando surgir uma situação mais difícil. Essa é a verdadeira questão.

O Buda não disse que tudo é sofrimento, como muitos interpretam o sentido de seus ensinamentos. Thich Nhat Hanh disse que o principal objetivo do Buda era *transformar* o sofrimento. "Você deve encontrar o mal-estar em si e transformá-lo."

No fim, a água do chuveiro acabou voltando, a aranha negra foi embora e eu tirei o sabão do corpo. Quando relaxamos, as coisas dão um jeito de acontecer.

～ Dia 2 ～

Mente de iniciante:
Vencendo o tédio

A cura do tédio é a curiosidade. Para a curiosidade, não há cura.

— DOROTHY PARKER

Estou à mesa do refeitório, jantando. À minha frente está sentada uma jovem monja vietnamita de beleza estonteante. Os lábios cheios e as maçãs do rosto salientes adornam um rosto cuja tez dourada é perfeita. Mesmo careca e envolta em veste marrom sem graça, é uma beldade de tirar o fôlego. Por um instante, penso em raspar a cabeça. Pergunto-me se a beleza da monja não deixa os monges hipnotizados. Não consigo tirar os olhos dela. Uma ideia me ocorre: talvez monges e monjas tenham conseguido a fuga suprema, isto é, a fuga dos relacionamentos amorosos.

Certa vez, terminei um relacionamento amoroso profundo com um homem quase perfeito. Na época, achei que estava partindo para uma busca de ideais mais sublimes, mas agora vejo que só fiz isso por tédio. Essa constatação fica muito mais nítida aqui, bem longe de casa, num mosteiro budista, enquanto estou sentada diante da jovem e bela monja. "Qual era a verdadeira causa de minha letargia?", pergunto-me em silêncio. O que era aquele tédio que eu senti com o Sr. Certinho? Thich Nhat Hanh talvez dissesse que eu tinha perdido a cabeça — quer dizer, minha "cabeça de iniciante". Quem sabe, ele dissesse simplesmente que eu tinha esquecido o que me agradava nesse homem que me amara talvez mais plenamente que qualquer outro. Thây ensina que o esquecimento é o oposto da atenção plena e que somos feitos desses dois conflitos. E quando nosso esquecimento domina a cena, nós absolutamente não temos a mente de um iniciante.

Anos atrás, em um retiro de meditação, aprendi a concentrar-me intencionalmente durante minhas atividades diárias. Enquanto escovava os dentes, por exemplo, concentrava-me apenas nessa tarefa. Enquanto lavava as mãos, caminhava ou almoçava, tentava silenciar minha mente tagarela e mergulhar inteiramente em uma ação de cada vez. À medida que minha atenção se aguçava, percebi que nem sempre me concentrara completamente nessas atividades cotidianas. Pelo fato de essas ações serem tão regulares, eu as executava com um certo grau de desatenção. Mas sempre que eu prestava mais atenção ao que estava fazendo, independentemente de qual fosse a atividade, algo mudava dentro de mim. Eu me sentia menos *fora de mim*; identificava-me mais com minha energia interior. Em termos yogues, essa energia geralmente é chamada de *força vital*, *chi* ou *prana*. Em termos simples, a atenção plena me conectava a meu verdadeiro eu. Sempre que eu conseguia me concentrar, cada momento parecia novo (porque era novo), e minha mente habitual não tinha nada a que se agarrar. Eu não estava simplesmente comendo sem pensar um sanduíche de queijo no presente enquanto, digamos, me preocupava porque o senhorio não mandava consertar a infiltração no teto de meu estúdio de yoga, por exemplo. Ligar-me a uma ação de cada vez me impedia de fantasiar sobre um futuro maravilhoso e longínquo. Esses despertares para o momento presente eram fugazes, mas quanto mais eu me concentrava, mais vinham os *flashes*. E quando eles vinham, a sensação era muito boa: era como se eu estivesse vivendo a vida, e não apenas remoendo, pensando ou fantasiando sobre a vida. O tempo passa num átimo, mas, estranhamente, nós agimos como se fôssemos viver para sempre. Despertar para o momento acende uma espécie de holofote sobre essa realidade. Aqui no mosteiro, sou levada a lembrar mais uma vez da força enriquecedora e vital da concentração aguçada.

Portanto, aqui estou eu, com esta beleza inocente, em um mosteiro remoto, pensando no que significa mesmo saber exatamente o que estou fazendo em todos os momentos. Não é fácil. Mas sei que, se conseguir me concentrar o máximo possível, vou libertar-me de meus pensamentos insistentes, habituais e angustiosamente repetitivos sobre tudo, desde ansiar por um homem impossivelmente perfeito até ruminar sobre as vicissitudes dos relacionamentos amorosos. Limpando esses pensamentos, posso estar em minha vida, mesmo por meio da mais corriqueira das tarefas. Posso viver a vida, em vez de lamentar em vão as coisas do passado ou me preocupar com o que ainda está por vir. De algum modo, é assim mesmo que funciona.

O jantar acabou, e a bela monja deixou a mesa para juntar-se a algumas das Irmãs que estão limpando o refeitório. Sento-me aqui, com minha caneca de chá amarelo, e as observo com suas esponjas de cores vivas e antiquadas vassouras de palha. Nos próximos dias, farei essa meditação de trabalho. Mas não esta noite. Enquanto as observo, todos esses seres silenciosos, sem exceção, parecem cuidadosamente concentrados em sua tarefa de uma maneira que parece diferente do meu modo habitual de limpar. Não há outra coisa na mente deles; posso ver isso em seus rostos. Não há cenhos franzidos, nenhum sinal de pensamentos pessimistas. Esses seres de mente aguçada estão pura e simplesmente varrendo o chão.

Lembro-me de o místico Sadhguru ter dito algo como: nosso problema é usar cada atividade para *aperfeiçoar* quem somos, em vez de para *dissolver* quem somos. Fazemos as coisas para nós mesmos da melhor maneira possível, mas não para os outros. Varremos melhor o nosso chão que o do nosso amigo. Sem dúvida, essas monjas não têm essa perturbadora qualidade.

Tomo outro gole do chá de camomila e concluo que a mente esquecida geralmente domina a do iniciante porque deixamos o lugar-comum se tornar rotina. Falta-nos o reconhecimento da importância da concentração contínua, especialmente durante as chamadas atividades corriqueiras, como limpar o chão de um refeitório. Testemunhando a equipe de limpeza das monjas, sou obrigada a lembrar que não precisa ser assim. É verdade que esse conflito entre o esquecimento e a atenção é inerente à experiência humana, mas Thich Nhat Hanh ensina que, ao promover a atenção, você supera sua mente conflituosa.

Em minhas aulas, lá no meu estúdio de yoga, muitas vezes vi alunos abordarem as posturas mais conhecidas como se estivessem casualmente fazendo um abdominal. Pode ser que tivessem praticado uma determinada postura centenas de vezes e, assim, a vissem com demasiada familiaridade. Essa postura então perde força. Os alunos estão modelando o corpo, mas na verdade não estão *na* postura. Se abordada com familiaridade descuidada, mesmo uma prática que se destina a aumentar a atenção pode alimentar a fera do esquecimento.

Em um artigo para a publicação budista *Shambhala Sun*, Thây explica a mente de iniciante usando a atividade comum de tomar chá:

Já houve muitas vezes em que você bebeu chá e não se apercebeu, por estar absorto em preocupações. [...] Se você não sabe beber seu chá com atenção e concentração, na verdade você não está bebendo seu chá. Você está bebendo sua tristeza, seu medo, sua raiva — e a felicidade não é possível.

Quantas vezes bebemos nossa tristeza? Bebemos nosso chá, mas nos preocupamos com outra coisa. Nesse trecho esclarecedor, vemos como a alegria pode chegar simplesmente se formos atenciosos durante uma ação cotidiana. Essa atenção acende a felicidade naquele momento, mas também cria concentração em todas as áreas de nossa vida porque, quando *realmente* tomamos nosso chá, estamos praticando como nos conscientizar de *tudo* que fazemos. Thây ensina que, para possibilitar uma grande percepção, esse tipo de concentração precisa ser alimentado o tempo todo. Se nos treinarmos para viver desse modo, a felicidade e a percepção continuarão a crescer. E então nossos medos e tristezas perderão a força.

Olho para a caneca de chá amarelo que tenho nas mãos. "Preciso lembrar com contentamento da importância da atenção aguçada", penso eu. É simples, mas muito difícil.

Certa vez, participei de um workshop sobre comunicação consciente dado por um homem que estava casado havia quarenta anos. Após o curso, um participante lhe fez a seguinte pergunta: "Como é que o senhor não se entedia ficando ao lado da mesma mulher por tanto tempo?" Ele respondeu: "Não entendi o que você quis dizer; por favor, explique". O participante tentou expressar-se de outro modo: "Bem, o senhor não sente falta de variedade às vezes?" O palestrante tornou a dizer: "Continuo não entendendo. Desculpe, qual é mesmo sua pergunta?" O participante: "Se me permite, o senhor nunca sentiu vontade de estar com outra mulher?" O palestrante perguntou: "O que quer dizer exatamente com 'estar com outra mulher'?" O participante, já nervoso, perguntou: "Isso mesmo, o senhor nunca quis dormir com outra mulher?" E o palestrante respondeu: "Por que eu iria querer dormir com outra mulher? A minha tem umas trezentas personalidades, e acho que talvez tenha descoberto só umas cem. Acordo todos os dias animado com a perspectiva de conhecer outra faceta dela!"

Embora seja monge desde os 16 anos, a percepção que Thich Nhat Hanh tem dos relacionamentos amorosos é incrível. Em um artigo para o *Shambhala Sun*, ele aconselha:

> Olhe nos olhos de seu amor e pergunte: "Quem é você, meu bem?" Pergunte com todo o seu ser. Se você não der a atenção certa à pessoa a quem ama, é uma espécie de assassinato. Caso se perca em seus pensamentos, presumindo que sabe tudo a seu respeito, ela morrerá lentamente. Mas, com atenção, você poderá descobrir muitas coisas novas e maravilhosas: suas alegrias, seus talentos ocultos, suas aspirações mais profundas. Se você não pratica a atenção certa, como pode dizer que a ama?

O chão do refeitório já está brilhando, e a alegre equipe de limpeza do mosteiro guardou os esfregões e as esponjas. Sou a única pessoa presente. As brasas azuis da lareira deixam-me hipnotizada enquanto continuo a refletir sobre este extremamente desafiador estado budista de ser: a mente de iniciante. A magia das crianças está em sua capacidade de mergulhar profundamente em tudo; a vida é nova para esses jovens seres. Quando crescemos, geralmente só temos esse tipo de atenção quando aprendemos uma nova habilidade, nos lançamos em um novo empreendimento ou começamos um relacionamento amoroso. Quando as coisas e as pessoas se tornam familiares, costumamos perder o interesse. Penso nesse declínio do entusiasmo e tenho um momento de tristeza — é só um dos muitos que terei aqui.

Percebo que preciso tratar todos os seres vivos como se fossem tão preciosos, especiais e misteriosos como o primeiro amor verdadeiro que tive. Preciso ter uma profunda curiosidade sobre toda a vida que há na Terra. Penso agora na melhor maneira de aperfeiçoar essa curiosidade.

Albert Einstein disse: "O importante é não parar de perguntar. A curiosidade tem sua própria razão de existir. Não podemos evitar maravilhar-nos ao contemplar os mistérios da eternidade, da vida, da maravilhosa estrutura da realidade. Basta que tentemos simplesmente compreender um pouco desse mistério todos os dias. Nunca perca a sagrada curiosidade".

Se eu estiver inteiramente presente enquanto viver na Terra, como poderei provocar sua destruição? Se me mantiver atenta durante todas as minhas atividades, como não criar excelência? Se eu souber que meu amor é um ser de suprema complexidade, como não querer saber tudo sobre ele, mesmo reconhecendo que essa impossibilidade é igualmente estimulante? Se estiver consciente de que um dia vou morrer, como poderei perder um só momento que seja? Assim como o homem que estava casado havia quarenta anos e continuava descobrindo, feliz, as inúmeras personalidades de sua mulher, descobrirei beleza e complexidade à medida que me tornar plenamente conhecedora de minha relação com todos os seres vivos e os mistérios que ainda estamos por descobrir.

O fogo está dando seu último suspiro e minha caneca de chá está vazia. Levanto-me do banco ao lado da lareira e concluo que, no espaço de duas horas, uma bela monja e um grupo de alegres Irmãs budistas limpando o chão de um refeitório com fervor zen mostraram-me a sabedoria de abordar tudo na vida com novos olhos, olhos de criança. No mínimo, promover a mente de um iniciante curioso bem poderia manter velhos relacionamentos amorosos vivos com a alegria da constante descoberta. Isso seria uma coisa maravilhosa.

⁓ Dia 3 ⁓

Mente ética (*Sila*):
O matador de gatos

Deixe-me apresentar a definição de ética: é bom manter a vida e promover a vida. É ruim prejudicar e destruir a vida. E essa ética, profunda e universal, tem a importância de uma religião. Ela é uma religião.

— ALBERT SCHWEITZER

"**M**atar os gatos estava me matando."

Estou sentada ao sol do fim da tarde, nos jardins dos monges, diante de um par de olhos azuis que piscam e pertencem a um homem que me conta que, seis anos atrás, a autodestruição estava próxima. Olhando para meu companheiro de peregrinação, um tranquilo e simpático sexagenário da província canadense de Terra Nova, ninguém diria isso. Quem quer que use um poncho mexicano bordado e multicolorido deve ser relaxado, certo? Mas Charlie admite que nem sempre foi assim. "Fui criado para ser um matador profissional", diz ele. Enquanto crescia, Charlie foi estimulado a matar animais por esporte. Essa matança continuou na profissão que escolheu, a neuropsicologia. O trabalho de Charlie envolvia o estímulo de diferentes partes do cérebro dos gatos para observar sua reação ao medo. Essa pesquisa foi realizada com felinos para ajudar a esclarecer a reação ao medo no cérebro humano. "Torturar gatos era bastante ruim. Mas não era o pior." Charlie prossegue, dizendo que cada experimento consistia em matar o gato depois para remover e dissecar o cérebro.

Foi um livro de Thich Nhat Hanh que mudou a vida de Charlie. Já faz oito anos que ele pratica a atenção plena e a meditação zen. Esse ex-chacinador de gatos contou-me a respeito dos Cinco Treinamentos de Thây para a Atenção Plena. Esses treinamentos lhe transformaram a vida. Particularmente importante para ele foi o Primeiro Treinamento para a Atenção Plena: Reverência pela Vida, um princípio que esclarece os problemas intrínsecos à destruição da vida. Daqui a dois dias, lerei eu mesma esse ensinamento.

Mais cedo hoje, antes de conhecer Charlie e seus olhos azuis, estive com um grupo de peregrinos na sala da frente da Nova Aldeola. Ouvi de uma jovem, que estava estagiando para ser *chef* de cozinha no Canadá, uma história entrecortada de soluços sobre uma matança de crustáceos. "Minha lagosta simplesmente ficou inerte, quase como se soubesse que o fim estava próximo e não podia fazer nada. A lagosta do outro *chef* reagiu de forma oposta. Lutou até o amargo fim. Vocês sabiam que as lagostas choram enquanto estão sendo cozidas vivas?"

৯৫৹ ৹৫৯

Logo após voltar da França, fazendo compras certa noite, passei por um tanque em que havia cinco lagostas vivas. Vendo os infelizes crustáceos, lembrei-me imediatamente dessa conversa com a jovem "aspirante a *chef* " da Vila das Ameixeiras. Lá estava eu, com potes de manteiga de amendoim à esquerda e lagostas vivas à direita, parada num mercado em meio a outros compradores que, evidentemente, ignoravam os invertebrados prisioneiros. Fiquei ali, olhando para aqueles animais de carapaça cinza-clara salpicada de manchas marrons, empilhados uns sobre os outros e tornados indefesos por tiras azuis de borracha amarradas nas tenazes.

Sempre achei que era tortura amarrar as tenazes dos crustáceos vivos e empilhá-los, atados e indefesos, em tanques do tamanho de aquários pequenos. Sei que têm cérebros minúsculos, mas essa realidade não foi suficiente para me impedir de comer ocasionalmente sua carne ao molho de manteiga. E, embora as lagostas não tenham cordas vocais e não possam gritar, e o som que emitem enquanto são cozidas vivas seja simplesmente o vapor que é liberado entre o corpo e a carapaça, jogá-las em água fervente parece crueldade. Li recentemente que os zoólogos confirmaram que as lagostas têm um senso tátil muito aguçado e que a fervura demora entre 35 e 45 segundos para matá-las. Elas sentem dor. Nós as cozinhamos vivas. Acho que, de agora em diante, vou deixar de lado os pratos de frutos do mar e de animais terrestres.

Nessa mesma noite em que vi a prisão das lagostas, resolvi assistir um documentário chamado *Shark-water*. No filme, mostra-se que, em certas regiões, os tubarões são pescados unicamente para extração das barbatanas, que serão usadas na preparação de sopa. A sopa de barbatana de tubarão é uma iguaria chinesa servida em casamentos e outras ocasiões especiais. Na cultura chinesa, esse produto de luxo é considerado um símbolo de riqueza e prestígio. Uma cumbuca de sopa de barbatana de tubarão pode custar até 90 dólares. A demanda cada vez mais alta por essa estranha iguaria provocou um aumento vertiginoso da prática conhecida como "desbarbatanar tubarões". O filme mostrou pescadores da Costa Rica extraindo as barbatanas dos tubarões e jogando seus corpos inúteis no mar. Impossibilitados de nadar, as massacradas criaturas afundam e por fim morrem sufocadas. A imagem de um tubarão brutalmente mutilado afundando em silêncio até a morte me deixou angustiada. Qualquer que seja a percepção errônea que tenhamos dos tubarões, esse documentário informativo revelou a verdade sobre esse predador necessário em nossos oceanos. Os tubarões contribuem para manter o delicado equilíbrio entre todos os representantes da vida marinha. Quando o número desses imensos peixes se reduz drasticamente, tudo mais sofre o impacto. Em última análise, matar tubarões põe nossa vida em risco.

Naquela noite, bem depois de minha jornada, voltei a pensar sobre a natureza de uma mente ética, reverente e perceptiva. Uma mente assim é despertada, é a mente que abarca a compreensão de que toda a vida está interconectada e provém de uma só fonte, e que outras criaturas respaldam a vida humana. Com essa mente, é difícil matar. Se formos atentos, seremos naturalmente morais. Se pudermos sentir nossa relação com os outros, precisaremos ouvir que não podemos praticar o mal?

Thich Nhat Hanh frisa a grande importância dessa atenção: "A Atenção Correta está no cerne dos ensinamentos do Buda". E, embora a atenção correta signifique simplesmente "lembrar-se" ou conscientizar-se verdadeiramente do que existe no momento, para obter a Atenção Correta, o Buda sugeriu quatro objetos para nossa prática: o corpo, os sentimentos, a mente e os objetos da mente, conforme consta no Satipatthana Sutta. Em *The Heart of the Buddha's Teachings*, Thich Nhat Hanh diz o seguinte acerca dessas quatro práticas: "Sem elas, nossa casa fica abandonada; ninguém a varre, espana ou arruma. Nosso corpo fica maltratado, nossos sentimentos, cheios de sofrimento, e nossa mente se torna um amontoado de aflições".

O que mais me chamou a atenção ao ouvir Thây falar sobre os ensinamentos do Buda sobre a atenção plena foi sua ênfase ao igualar a Atenção Correta à vida ética ou seu termo budista, Sila. Thây ajudou-me a ver a atenção plena e a ética como duas coisas basicamente intercambiáveis. Ou seja, se formos verdadeiramente atentos, seremos morais. Se formos conhecedores de nossos atos, será apenas natural sermos éticos. O problema é que muitas vezes turvamos a vista agindo como se estivéssemos em meio a uma espécie de névoa. Thây frisa a interconexão entre a natureza da atenção plena e os preceitos morais do Buda: "O cerne da meditação budista é a prática da atenção plena, e a atenção plena é a prática dos preceitos. Não é possível meditar sem praticar os preceitos". E aí está: a prática faz a perfeição. A repetição constante do mandamento "Não matarás" de meu colégio católico não me fez incorporar esse princípio, ao passo que a atividade da meditação me fez saber que não devo matar seres vivos. As lagostas ficarão contentes.

ↈↈↈ

Voltando ao mosteiro, Charlie, o matador de gatos, seu poncho e eu estamos sentados no jardim, ao sol, beliscando alegremente os biscoitos de amêndoas que sobraram do almoço. Charlie me diz que abandonou o trabalho logo após descobrir os ensinamentos de Thich Nhat Hanh. E se sentiu muito mal por ser um matador de gatos. Charlie me diz que era muito infeliz nessa época; estava caindo em estados profundamente depressivos. Mas não era só a execução dos gatos que estava desestabilizando o terra-novense. Seus relacionamentos pessoais eram instáveis, e ele tinha atrás de si dois casamentos fracassados. Além disso, admitiu que, no auge de sua inquietude, tinha relações íntimas com três mulheres ao mesmo tempo.

Houve até uma ocasião em que duas delas apareceram na mesma festa, enquanto a terceira falava com ele ao celular. Imagine o estresse! Charlie revelou-me que sua complicada vida pessoal era extremamente aflitiva e que logo toda a sua vida começou a sair de controle. Acumulara muitas dívidas e estava prestes a ir à falência. Quanto chegou ao auge de toda essa inquietude, Charlie disse que sabia que alguma coisa tinha de mudar, senão acabaria literalmente se destruindo.

Charlie agora olha para mim com seus olhos azuis bem abertos e diz que, quando chegou à beira do colapso total, teve um vislumbre de percepção. Decidiu vender uma propriedade que tinha na Terra Nova, a qual havia valorizado muito desde a compra. O lucro da venda cobriu toda a sua dívida e, a partir daí, Charlie passou a controlar os gastos. Agora ele desfruta de uma vida bem menos complicada, sem beber, sem comer carne e com apenas uma namorada, com a qual tem uma relação amorosa estável há quatro anos. Juntos, eles promovem regularmente em sua casa workshops de escrita e meditação. Charlie, como bom natural da Terra Nova que é, gosta de cantar, e isso me faz lembrar de Janice, a cunhada que adoro.

Despeço-me de Charlie e volto para a residência, pensando na oportunidade que todos têm de voltar para casa e para um eu resistente e lúcido, não importa onde estejam, pois nossa mente sempre está conosco. Promovendo a lucidez e a atenção, somos morais. E então não precisamos que nos ensinem o que é certo nem o que é errado. Como o matador de gatos que se redimiu, com a prática da atenção plena, a moralidade vem naturalmente.

☞ Dia 4 ☜

Mente concentrada (*Samadhi*): O dia em que o monge acendeu minha coluna

Todos os recursos de que precisamos estão na mente.
— THEODORE ROOSEVELT

Thây segura nos dedos uma delicada rosa amarela: "Se olhar com atenção para a rosa, então você também se concentrará na rosa. Quando olha com atenção para a rosa e se concentra na rosa, então você conhece a rosa; você tem algum vislumbre de percepção dessa rosa". Em uma breve frase, Thich Nhat Hanh condensou os complexos ensinamentos budistas conhecidos como *Sila*, *Samadhi* e *Prajna*, que podem ser traduzidos como "atenção", "concentração" e "percepção".

Thich Nhat Hanh ensina que é crucial entender a interconexão e a interdependência desses três ensinamentos. "A energia da concentração está presente na atenção, assim como a energia da percepção está presente na concentração." Ele escreveu isto no quadro-negro: atenção ⇔ concentração ⟷ percepção. Seguir esse caminho leva a um avanço importantíssimo na compreensão da natureza da realidade — neste caso, a verdade da rosa.

⋘⋙

Até agora, Thich Nhat Hanh foi uma presença reverenciada a distância. Eu o vislumbrei quando ele deu as boas-vindas a todos os que tinham vindo em peregrinação a seu mosteiro, durante as cerimônias de abertura do retiro, mas hoje verei o mestre zen de perto. Estou sentada no chão, na frente do Salão do Buda, na Aldeola de Cima, com o tipo de expectativa que se tem antes de um famoso astro do rock entrar no palco. Mas aqui, neste estádio substituto, ficarei bem mais perto do peso-pesado do budismo do que fiquei, digamos, de Chris Martin, do Coldplay, no começo deste ano. Estou sentada num colchonete azul-marinho na segunda fileira do salão de espetáculos do Buda. Atrás de mim, fileiras e mais fileiras de monges e monjas, homens e mulheres, todos sentados em colchonetes azuis. À minha direita fica a porta pela qual entrará Thich Nhat Hanh.

A sala fica em silêncio. No momento seguinte, como num passe de mágica, uma figura enganosamente diminuta envolta em uma longa veste marrom entra na sala sem fazer um som. O intuitivo ser desfaz-se dos sapatos enquanto tira um gorro marrom e o entrega ao monge que o assiste. O mestre zen de 84 anos tem grandes orelhas de aspecto sábio que parecem duas magníficas esculturas emoldurando a porta da percepção que é seu rosto. Thich Nhat Hanh tem ar de quem viu coisas — coisas que nem todos nós vimos. Thây parece também uns 15 anos mais novo do que é. Será que posso dizer que um monge vietnamita de 84 anos é uma gracinha? O rosto transcendente que tenho diante de mim tem essa qualidade infantil. Será que essa é a cara da iluminação? Thây não perscruta ostensivamente o grupo de centenas de pessoas que tem diante de si, mas isso vai mudar quando ele começar a falar. Quando Thây disser sua primeira frase, num instante terei a sensação de que ele está se dirigindo diretamente a mim. Thich Nhat Hanh desliza até o estrado. Meus olhos acompanham cada sutil movimento da figura flutuante. O monge não disse nada, mas eu estou fascinada. Tirando delicadamente uma rosa amarela de um vaso, ele se volta e diz: "Uma rosa não é uma rosa; é por isso que ela é uma rosa de verdade".

E então acontece. Já senti isto em outros momentos da vida, mas é sempre um deleite: uma vibrante sensação de calor me invade a coluna, bem entre as escápulas. Meus lábios esboçam um pequeno sorriso. Aqui estou, em uma sala cheia de estranhos, com um segredo: uma coluna em vibração. Em êxtase, penso: "Tudo faz sentido". Neste momento, tenho tudo de que jamais precisaria para me sentir segura. O astro budista do rock cantou.

Tenho certeza de que há outras pessoas aqui com seus próprios deleites particulares. Mas estou tão concentrada no monge deslizante — esse que me acendeu a coluna — que me sinto surpreendentemente leve, como se estivesse dentro de minha própria cálida bolha. Todo o meu corpo amolece, e eu penso: "Agradeço a Deus por Thich Nhat Hanh".

⊷�

Depois, reflito sobre minha primeira experiência na presença de Thich Nhat Hanh. Talvez por estarmos quase no Natal, uma imagem do Grinch de minha historinha natalina favorita, *How the Grinch Stole Christmas!**,

---

* No Brasil, O *Grinch*. (N. da T.)

me vem à cabeça. Na história, há um momento em que o Grinch vê os moradores de Whoville celebrarem a chegada do Natal, mesmo tendo perdido todos os seus presentes (roubados pelo próprio Grinch). No alto de uma montanha coberta de neve, essa criatura ranzinza tem uma epifania. Observando os rostos felizes de todos na vila, ele percebe que o Natal não tem nada a ver com presentes. É uma festa que celebra o amor, a comunhão, a união e a gratidão pela vida. Nesse momento miraculoso, a "consciência de Cristo" do Grinch desperta, representada pela expansão do coração dentro de seu peito. Seu rosto se ilumina, e ele imediatamente entende a verdade: o amor e a compaixão trazem a felicidade.

◦◌◖ ◗◌◦

Fico olhando a equação no quadro à minha frente e furiosamente a copio: atenção ⇔ concentração ⇔ percepção.

Ei-la. Essas três palavras densas representam a forma ideal de ser. As setas que estão entre elas revelam sua interdependência e conexão: se eu estiver atenta, se eu estiver consciente, aperfeiçoarei minha concentração, o que revelará o objeto que tenho em foco. Thây recolocou a rosa no vaso. Olho novamente para ela. Parece diferente das coisas que não são flor. Mas, então, olho para a flor atentamente e vejo que há componentes "que não são flor" na rosa amarela. Essa sabedoria é como avançar na compreensão da natureza da realidade. A verdade é que tudo é simplesmente feito de coisas que "não são". A flor que é uma rosa amarela é simplesmente um conjunto de coisas que não são uma rosa amarela, que se reúnem para criar uma flor bela e fragrante que tem lindas pétalas. A rosa é só uma combinação de luz solar, nuvens, tempo, terra, minerais, ar, jardineiros, e assim por diante. Sem todos esses elementos "não flor", a flor não pode existir.

Quando removemos nosso conceito de rosa, vemos a verdadeira rosa. Com essa compreensão do que os budistas chamam de "não eu", podemos nos libertar do desespero e da confusão.

Thây explica que, devido à sua interconexão, as três disciplinas da atenção, concentração e percepção respaldam e reforçam umas às outras. Assim, quando uma delas se aprimora, as outras duas naturalmente se fortalecem.

Esses importantes ensinamentos são três componentes do Nobre Caminho Óctuplo, oito passos específicos que o Buda identificou como conducentes ao bem-estar. Fui apresentada a eles no primeiro dia de minha peregrinação. Thây agora frisa que, quando um desses componentes, o elemento fundamental da atenção, é o *tipo* correto de atenção plena, os outros sete elementos do Nobre Caminho Óctuplo também estão presentes, juntamente com uma compreensão das Quatro Nobres Verdades. Atenção Correta — *Sila* é a base de tudo. Essa disposição de espírito é a energia que nos traz de volta ao momento presente, no qual tudo acontece.

⚬⚭⚮⚬

Penso em quantas vezes deixei fugir a concentração, em quantas vezes fiz alguma coisa sem pensar nas possíveis consequências e em quantas vezes simplesmente fiz uma bobagem. Aqui, na presença de Thây, fecho os olhos e me concentro profundamente em suas palavras. "É fácil fazer isso aqui", decido. Se conseguir lembrar-me dessa sensação e praticar esse tipo de concentração em tudo que pensar, disser e fizer, não importa onde eu esteja — ah, será o máximo. Se conseguir isso, sempre saberei que meus atos têm repercussões bem específicas. Terei uma noção quanto a um determinado ato ser moral; ser um ato de atenção. Evidentemente, a escolha está sempre diante de nós. Mas a mensagem é simples: se não tenho uma verdadeira atenção nas minhas atividades comuns do dia a dia, ajo sem considerar meu impacto sobre as pessoas e todos os seres vivos do mundo. Se não entendo o que estou fazendo, como ter dilemas morais a respeito de meus atos; como importar-me?

Thây terminou sua fala e deslizou para fora da sala. Quero ser eu mesma agora e, assim, caminho em silêncio pela área imaculada da Aldeola de Cima, com as flores amarelas e as ameixas roxas em meio às quais os monges têm a sorte de viver. Durante a caminhada, penso em todas as pessoas do mundo que têm sucesso no que fazem. "Os bem-sucedidos têm a capacidade de concentrar-se profundamente, e isso os faz atingir a excelência em seu ofício. A mente concentrada é tão essencial quanto a mente do iniciante para tornar real a qualidade." Procuro expandir essa ideia na mente: "E não só isso, pois esse tipo de mente concentrada é extremamente conhecedora de seus atos e das repercussões desses atos".

Minha mente amante da ciência recorre agora ao trabalho da bióloga e estudiosa de formigas Deborah Gordon. Penso em sua mente forte como uma mente do tipo *Samadhi*. Deborah Gordon passou 25 anos observando e registrando colônias de formigas no deserto do Arizona. O que ela descobriu contraria a ideia por muito tempo difundida de que essas colônias evoluem para sistemas organizados. Deborah viu, em vez disso, um sistema que se orienta por acidente, adaptação e caos. Isso é importante porque o sistema agregado da colônia de formigas pode lançar luz sobre a evolução de outros sistemas agregados, inclusive o cérebro humano (que evoluiu de um simples neurônio a um córtex complexo). Em termos simples, podemos aprender sobre a complexidade humana observando uma formiga. A impressionante capacidade de concentração de Deborah é do tipo de mente que constitui um recurso de valor inestimável para o mundo.

As formigas são incríveis. Ao voltar de minha peregrinação, descobri por acaso o fato surpreendente de que, juntos, os dez quatrilhões de formigas que há no mundo, segundo o cálculo de 2007 do biólogo E. O. Wilson, pesam mais ou menos o mesmo que os 6,5 bilhões de seres humanos. Pergunto-me se as formigas estão se multiplicando com a mesma rapidez que os sete bilhões de corpos humanos que circulavam pelo planeta em 2011.

Esmagando uma ameixa roxa com o pé enquanto piso neste solo fértil, penso que os músicos virtuosos também têm esse tipo de mente *Samadhi*. Uma vez, tive entre meus alunos de yoga e meditação um brilhante violinista. O interesse de Luke na meditação veio de um despertar espontâneo que viveu um dia, sentado numa pedra à beira de um lago. Luke me contou que, ao se concentrar no corpo d'água que tinha à frente e na vastidão do céu azul, ele se esqueceu de si mesmo. Por um momento, o tempo parou. Teve a sensação de ser a água. E *se tornou* o céu aberto e infinito. Segundo Luke, embora fosse fugaz, essa sensação foi gloriosa. E ele sabia que ela tinha algo a ver com a concentração absoluta da mente na natureza que o cercava naqueles momentos. A epifania de Luke intensificou-lhe a curiosidade sobre a natureza da sua mente.

Thich Nhat Hanh frisa a importância vital da aplicação dos ensinamentos do Buda na vida moderna. Então, sem parar de caminhar, dedico-me um instante a aplicar os ensinamentos do Buda à bióloga das formigas. Quando olha com atenção para a formiga, Deborah Gordon também se concentra nela. Por olhar com atenção para a formiga e concentrar-se nela, Deborah a conhece. Ela ganha percepção dessa formiga. Com essa sabedoria, a bióloga tem uma ideia melhor da finalidade da formiga: ela avança na compreensão da natureza da realidade. Imagino que o estudo das formigas tenha sido um fator de libertação para Deborah Gordon. Além disso, seu estudo também lhe propiciou uma percepção valiosa da humanidade. Assim, para ela, respeitar os pequenos insetos passou a ser uma coisa natural. Para Luke, o músico, é a mesma coisa. À medida que se concentrava em tocar com perícia as cordas do violino, ele se conscientizava mais de sua arte, atentava mais para ela. Por ele estar atento, já que se concentrava, a percepção veio. Ele passou a conhecer melhor não só a arte de criar a música, mas também o próprio violino. Todo violinista virtuoso fala da importância da qualidade da madeira e da habilidade do *luthier* em sua confecção do violino: esses são os elementos do violino que "não são violino". Mais uma vez, assim como uma rosa simplesmente se compõe de elementos que não são rosa, um violino também é um monte de coisas que não são violino. O violino é feito da reunião dessas coisas para funcionar como violino. A dádiva da percepção vem à medida que mais ameixas roxas são esmagadas sob meus pés. Em seguida, vem o avanço na minha compreensão de que absolutamente tudo é apenas a combinação de coisas que "não são": o que o Buda ensinou como "não eu". Isso parece bastante verdadeiro para mim neste momento.

Ao terminar minha caminhada, vejo a aplicação dos ensinamentos do Buda em todas essas pessoas. Não importa se você é biólogo, como Deborah Gordon, músico, como meu aluno de yoga Luke, ou bailarino, carpinteiro, escritor, arquiteto, florista, jogador de pôquer ou contador. O que importa é a profundidade da concentração. Assim como proclamou Einstein, "a jornada da exploração e da descoberta é razão suficiente para buscarmos respostas".

Hoje é para mim o primeiro de muitos dias de epifanias de fazer o coração disparar, como a do Grinch. Tomara que eu não seja muito parecida com o Grinch de antes de sua epifania. E talvez eu já esteja começando com um pouco mais de conscientização que essa criatura verde e ranzinza. Não obstante, eu mudo quando estou na presença desse exímio mestre.

Escutar as palavras de sabedoria desse delicado monge, ditas com um profundo interesse por todos os seres, desperta em mim o amor e a percepção neste dia precioso — isso é o que diz meu coração vibrante.

Minha Casa está se organizando.

Jamais me esquecerei do monge delicado segurando a rosa amarela.

⁓ Dia 5 ⁓

Mente perceptiva (*Prajna*): A lição em um peixe estragado

A sabedoria costuma estar mais perto quando nos abaixamos do que quando nos erguemos.

— WILLIAM WORDSWORTH

Quando tinha 20 anos, viajei de férias com um namorado à cidade litorânea do Recife, no Brasil. Uma noite, enquanto caminhávamos de mãos dadas pela praia defronte ao hotel, três meninos de rua nos cercaram, e o mais velho apontou-nos um revólver ao peito.

⁓

É tarde da noite e estou deitada na cama lendo *The Heart of the Buddha's Teachings*. Thich Nhat Hanh está descrevendo um incidente durante a Guerra do Vietnã, quando um soldado norte-americano cuspiu em um monge noviço, fato que o deixou profundamente perturbado. Esse monge, o primeiro que Thây havia ordenado, magoou-se tanto que o monge paternal precisou abraçar o jovem durante meia hora para transformar aquela mágoa profunda. Thich Nhat Hanh então explicou ao noviço que não deveria odiar o soldado americano, dizendo-lhe: "Meu filho, você não nasceu para empunhar um revólver. Você nasceu para ser um monge, e seu poder é o poder da compreensão e do amor. O soldado americano o considerou seu inimigo. Essa percepção dele está errada".

Enquanto leio esse trecho agora, penso no que é ser treinado para matar. O Exército dos Estados Unidos condicionou aquele soldado a acreditar que era certo matar os vietnamitas. Essa era a visão do soldado norte-americano.

Foi durante a Guerra do Vietnã que Thich Nhat Hanh escreveu os Cinco Treinamentos para a Atenção Plena, princípios para a vida ética. Em 2009, Thây fez uma revisão dos treinamentos. A seguinte é a nova versão do Primeiro Treinamento — Reverência pela Vida:

> Estou decidido a não matar, a não deixar que matem e a não desculpar nenhuma morte no mundo, em meu pensamento e em meu modo de viver. Vendo que atos prejudiciais decorrem da raiva, do medo, da ganância e da intolerância, os quais, por sua vez, derivam do pensar dualista e discriminativo, cultivarei a abertura, a não discriminação e o não apego a nenhuma visão, a fim de transformar a violência, o fanatismo e o dogmatismo em mim mesmo e no mundo.

Esse é também o princípio que transformou um triste mulherengo que matava gatos em um feliz praticante da meditação que usa poncho.

Trata-se de uma mensagem direta: pensar errado está na base do matar. Nunca havia refletindo sobre isso tão profundamente. Se alguém me perguntasse por que as pessoas matam outras pessoas, eu provavelmente responderia que havia muitas razões para esse tipo de violência. Mas, como muitos grandes mestres, Thây é capaz de decompor problemas complexos até sua mais pura essência. "Na guerra, impera uma visão fechada ou errada de que as pessoas são separadas umas das outras. Quem propõe a guerra não vê que, de uma forma extremamente complexa, todos nós estamos conectados. Essa ignorância intensifica o medo e a raiva. E aí se desenvolve um perigoso apego a ideias. Esse apego deflagra a violência." Fecho o livro e meus olhos.

"Por que uma criança me apontaria um revólver? As crianças devem brincar." Isso foi o que eu pensei após o incidente no Brasil, quando voltei para a segurança das paredes de meu hotel. Mas depois, é claro, percebi que essas crianças assoladas pela pobreza podiam botar as mãos nessas armas e usá-las imediatamente por estarem desesperadas para sobreviver.

Quando olho para trás agora, posso ver a rede que arrasta os meninos de rua do Brasil para a violência. Thây me permitiu ver mais cuidadosamente a perspectiva falha a que todos nós estamos sujeitos. Evidentemente, as crianças pequenas não têm nenhuma responsabilidade pessoal por desenvolver concepções equivocadas, mas podem crescer e acabar fazendo isso num lugar como uma favela no Brasil. Para algumas delas, brincar é simplesmente um luxo. "Um ato de violência não é culpa da criança, e perdoar uma criança é fácil: ela provavelmente não sabe o que está fazendo", penso. "Mas Thây pode perdoar um soldado, um adulto livre que pensa e decide humilhar um monge delicado." Thây entendeu imediatamente que não se devia culpar o soldado norte-americano por aquele ato cruel de cuspir em um pacífico monge budista. A lucidez de Thich Nhat Hanh é tanta que tudo para ele é muito claro. Não há sequer uma *pessoa* a culpar por nada. Que visão libertadora!

Hoje, após a palestra de Thây sobre Dharma, um monge mais velho levantou-se e disse que haveria uma sessão de perguntas e respostas com Thây, algo que dificilmente acontece. Um belo jovem australiano imediatamente levantou a mão. Aparentemente, tinha uma questão premente para Thây. Daqui a alguns dias, vou ouvir esse mesmo jovem admitir tratar muito mal as mulheres. Ele dirá isso diante do nosso grande grupo aqui, durante uma análise do Terceiro Treinamento para a Atenção Plena, que fala da responsabilidade sexual. Depois que o ouvir relatar suas aventuras irreverentes, vou me sentir grata pelos namorados profundamente respeitosos de meu passado.

O australiano levantou-se e simplesmente perguntou se deveria ou não tornar-se um monge. Sua pergunta me pegou de surpresa. Com seu queixo feito a cinzel, o jovem em conflito anunciou que nutria a ideia de se tornar monge, mas que ultimamente vinha sentindo uma forte resistência e muita vontade de voltar para casa. E então olhou diretamente para Thây e perguntou: "Devo ficar aqui ou ir embora?"

Ora, você imaginaria que um monge, para quem o caminho monástico sem dúvida é útil, encorajaria os outros a seguirem na mesma direção, só que Thich Nhat Hanh respondeu: "Ficar ou ir embora não faz nenhuma diferença". Adorei ele ter dito isso. "Essa não é a questão. A questão é: você consegue olhar para bem dentro de si, tocar seus sentimentos, reconhecê-los e por fim entender que sua percepção é parcial? Então você deve observar outras partes de sua visão. Não se deixe enredar em sua própria visão nem em qualquer outra. Você deve deixar que sua visão se abra. Assim chegará, por fim, a uma boa decisão."

Eu não esperava uma resposta tão complexa ou sábia, mas a capacidade de Thich Nhat Hanh de nos catapultar ao ápice da compreensão está ficando clara para mim agora.

Thây prosseguiu, usando o exemplo de um peixe nadando na água para explicar melhor esse ensinamento:

A perspectiva a partir da qual você vê alguma coisa é sua visão. É por isso que se chama *ponto de vista*. Se você olhasse um peixe de frente, veria sua cabeça, e esse seria seu ponto de vista do peixe. Outra pessoa poderia olhar para ele por trás e, por isso, vê-lo desse ângulo. Ver o peixe pela lateral cria outra imagem. Há várias visões do peixe. Porém, em última análise, com seu único par de olhos, você não consegue ver o peixe todo de uma vez só. Por isso, de certo modo, você fica preso à sua própria ideia do peixe.

Enquanto Thây falava, fechei os olhos e entendi que *só* vejo de minha perspectiva. Thây continuou: "Se acreditar *só* em sua visão, você vai pensar que as outras estão erradas."

Imaginei um peixe prateado. Se eu tivesse uma visão distorcida da barbatana esquerda desse peixe imaginário, por exemplo, minha mente ficaria essencialmente bloqueada e eu não teria nenhuma pista de como seria o resto do peixe. Então, o que fazer? Thây nos aconselhou: "Se der ouvidos a outras visões, você aprenderá com elas". Penso na famosa expressão "Ponha-se no meu lugar". Olhei para minha extrema direita, na direção de um monge que está do outro lado do salão. Se esse "peixe" fictício estivesse na frente do salão, meu monástico amigo teria visto uma forma muito diferente da que eu veria do lugar em que estou, no lado esquerdo do salão. Thây continuou esclarecendo-nos: "Aprendendo com outras visões, você transcende a sua. Abrindo mão de sua visão, você ganhará uma profunda percepção. Você verá a *totalidade de todas as visões*. Mas, para que isso aconteça, você tem *realmente* que renunciar a sua visão particular".

Você tem de ser humilde, senão jamais vai aprender nada.

Geralmente, ficamos tão presos a essa ideia de que nossa forma de pensar está certa que eliminamos todas as demais possibilidades. "Fazemos isso o tempo todo", penso. Thây diz que esse modo *fechado* de pensar é prejudicial; se levado a extremos, conduz a atos de violência.

Hoje mais cedo Thây disse: "Se sua mente for pura, você falará e agirá com beleza. Se sua mente for feia, suas palavras e seus atos provocarão muito sofrimento".

Este é apenas o quinto dia de minha jornada, e já percebi que Thây não é dado a mensagens apocalípticas quando está ensinando. Ele reconhece que o sofrimento existe e admite a existência da felicidade. São fatos. Está claríssimo que seu interesse é reduzir o sofrimento e aumentar a alegria.

Hoje mais cedo Thây nos fez rir ao frisar a necessidade de desapegar-nos de nossa própria visão. Ele contou a história de um renomado mestre budista que disse "O Corpo de Dharma é titica de vaca!", o que essencialmente quer dizer: "Os ensinamentos espirituais são merda!" O afamado mestre zen teria proclamado esse ditame muito pouco convencional para chocar as pessoas e fazê-las entender que até mesmo os ensinamentos espirituais são apenas um veículo para se ganhar percepção. Thây costuma dizer que os ensinamentos são como um barco. Você deve usar esse barco para atravessar o rio. Quando chegar à outra margem, se pegar o barco e carregá-lo, você estará se sobrecarregando à toa. Portanto, para aprofundar toda a sua visão, você deve ser capaz de renunciar a ela. Isso inclui até mesmo a sua percepção do budismo.

Penso novamente na possibilidade de raspar minha longa e loura cabeleira.

Logo antes de começar seu retiro monástico de inverno aqui na Vila das Ameixeiras, Thich Nhat Hanh estava ensinando na Índia. Hoje mais cedo, durante sua palestra, Thây fez uma reflexão sobre o grande líder indiano Mahatma Gandhi, que disse certa vez: "Em meu processo de busca da verdade, descartei muitas ideias e aprendi muitas coisas". Partindo dessa afirmação, Thây disse que era evidente que Gandhi tinha aprendido a abrir mão de sua visão. E isso o tornou muito sábio.

Ouvir Thây falar de Mahatma Gandhi foi um deleite para mim, pois recentemente eu havia conhecido o bisneto de Gandhi, Rajmohan, quando estive em Paris logo antes de minha peregrinação. Rajmohan estava na França para promover sua recente biografia do bisavô e, por sorte, eu soube disso. Em uma livraria de Saint-Germain-des-Prés, numa sala tão lotada que tive de me sentar em um degrau, fiquei paralisada, fascinada pelo que estava ouvindo. Na verdade, Rajmohan poderia ter dito qualquer coisa que eu teria me interessado. Eu simplesmente estava feliz demais por estar na mesma sala que um parente direto do magistral e lendário líder da paz.

Durante a sessão de perguntas e respostas após a palestra de Rajmohan, alguém na plateia perguntou o que ele esperava atingir na vida. Rajmohan declarou que esperava conscientizar-se da injustiça e combatê-la dentro de si mesmo para poder lutar contra a injustiça no mundo.

Aquela noite me deixou uma marca indelével de vários modos imprevisíveis.

Depois, ao caminhar até o apartamento que alugara em Paris, refletindo sobre as palavras de Rajmohan, eu comecei a sentir náuseas e a transpirar um pouco. Imaginei que o salmão que havia jantado, que parecia tão fresco na peixaria local, provavelmente estava estragado. E estava certa. Passei muito mal. Por sorte, consegui chegar em casa antes de sucumbir a um terrível mal-estar. De volta a meu apartamento, no estado de isolamento, doença e fragilidade em que estava, me senti incrivelmente vulnerável e inteiramente só. Mas aquela vulnerabilidade também deflagrou uma espécie singular de coragem. Lembro-me de pensar: "Eu só quero ser gentil".

Naquela longa noite, me levantei do piso do banheiro e me equilibrei nas pernas. Liguei meu computador e enviei a seguinte mensagem a toda a minha lista de endereços de e-mail: "Se eu lhe enviei este e-mail, significa que você é da minha família, um amigo querido, um amigo casual, um colega de trabalho, alguém que conheço pouco ou que até só vi uma vez... Não importa, só quero que saiba que penso em você com gentileza. Que eu possa sempre ser gentil e atenciosa com você".

꧁ ꧂

Thich Nhat Hanh disse hoje mais cedo que o sofrimento costuma trazer percepção porque nos abre a mente. Lá estava eu na gloriosa Paris, com intoxicação alimentar numa noite lúgubre e solitária. Nem um pouco agradável. Mas agora vejo que minha visão se ampliou naquela noite. Eu percebi a importância de dizer às pessoas de minha vida que me importava muito com elas e esperava sempre me importar. Até mandei aquela mensagem a gente de quem não gostava. E a quem achava que poderia ficar um pouco constrangido por minha explosão de emoção bruta. Em boas condições de saúde, sou muito mais cautelosa. Eu só queria que meus pais estivessem vivos para receber minha mensagem. Evidentemente, eles teriam sido os primeiros a responder. Na verdade, eles esperariam que eu lhes telefonasse se ficasse doente. Naquela noite desoladora na França, a ausência de meus pais se intensificou assim como a revolta em meu estômago. Porém no dia seguinte, já um pouco recuperada do peixe estragado e após o envio do e-mail com minha declaração de amor, recebi um monte de respostas alegres, e dos destinatários mais inesperados. A nuvem negra do desespero saiu de cima de mim. E uma bravura recém-descoberta começou a despertar.

Agora percebo que o fato de ter conhecido o bisneto de Gandhi, misturado à intoxicação alimentar, causou um avanço que expandiu meu raciocínio e abriu minha mente — exatamente o assunto de que Thây falara hoje. Na vida, todos nós temos essas "oportunidades de avançar". Mas se não dermos um jeito de embasar essa experiência, ela vai acabar nos escapando. A mestra zen Roshi Joan Sutherland descreve isso assim: "Sem um meio de aprofundar e ampliar [essa experiência], de manter com ela uma relação viva, sua tendência será esfumar-se em uma lembrança agradável ou frustrante do que poderia ter sido".

Na cama, em minha monástica caverna de *hobbit*, logo antes de dormir, eu tenho uma lembrança daquela noite no Brasil. Enquanto o revólver pairava no ar, entre a vida e a morte, preso à pequena mão daquele adolescente, meu foco se aguçou instantaneamente, e eu vi que não tinha absolutamente nenhum controle. Fiquei calada. Por nervosismo, negação ou qualquer outra coisa, meu namorado começou a falar qualquer bobagem, me dizendo depois que tinha achado que o revólver não estava carregado. Lembro-me de ver o dedo com que o meninote apertava o gatilho se tensionar em frustração enquanto o clima se intensificava. No primeiro momento de silêncio, lancei um olhar significativo a meu descuidado namorado, para sinalizar minha fuga. Ele imediatamente me seguiu.

Nunca subestime a possibilidade de um revólver estar carregado — esse é o quinhão de sabedoria que me coube na história.

Thich Nhat Hanh prega o budismo *engajado* e é a própria definição de absorção e envolvimento na vida. Com bravura, Thây mergulha fundo em situações complexas. Estar no mundo, vivendo-o, e não na plateia, longe da ação, cria uma resistência forte como granito. Um monge não é arrogante. Mas os que presumem que um monge renuncia ao mundo e vive em nirvana numa espécie de sonho não conhecem a vida de um verdadeiro monge.

❧ Dia 6 ❧

Parando:
A mensagem em
um sino que dobra

*Muita gente abdica de seu quinhão de felicidade, não por nunca encontrá-lo,
mas sim por não parar para usufruí-lo.*
— WILLIAM FEATHER

No dia agendado para a cirurgia de *bypass* coronariano triplo de meu pai, meus dois irmãos e eu estávamos em nossas casas, em Toronto, sem ter a mínima ideia de que papai estava num leito de hospital em Ottawa. Minha mãe fora proibida de nos contar que ele estava prestes a submeter-se a uma cirurgia da qual poderia não sair vivo. Durante praticamente toda a vida, papai trabalhou o tempo todo, sem parar. Acordava diariamente às 5 da manhã e trabalhava em casa algumas horas antes de ir para o escritório. Quando acordávamos, encontrávamos a mesa de jantar entulhada de papéis e papai com o nariz enfiado neles. Quando voltava do trabalho, bem depois que a família terminava de jantar, ele fazia um pouco mais disso mesmo: sentava à mesa de jantar para continuar trabalhando. Além disso, trabalhava nos fins de semana.

            ⊱⊰

"Se você continuar vivendo como tem vivido nos últimos vinte anos, está claro que o momento mais maravilhoso de sua vida não chegará. Sem a capacidade de parar, não se obtém nenhuma percepção."

Thich Nhat Hanh acaba de fazer essa advertência que me arrepia os cabelos — e olha que ele nem está aqui em pessoa. Esta tarde, estou assistindo a uma palestra de Dharma gravada, ao lado de alguns de meus companheiros de peregrinação, no salão de meditação. "Nossa prática é 'ser', não 'fazer'. Aprenda a desfrutar de cada momento do que estiver fazendo." Vejo a imagem de Thây na tela da TV. Ele está dizendo claramente que, se não conseguirmos parar, não poderemos jamais cultivar uma compreensão profunda da vida. A pausa aumenta nossa possibilidade de atingir uma melhor percepção de nós mesmos e do mundo. Em termos budistas, essa exploração se chama *Vipashyana* e é muito diferente de simplesmente ter uma compreensão intelectual das coisas. "Só podemos cultivar a sabedoria pela experiência." Quando o sábio monge nos diz essa verdade, é outra afirmação da minha necessidade de viajar para longe de meu lar geográfico, a fim de fazer minha coragem ganhar peso.

Hoje mais cedo, enquanto me servia de uma caneca de chá verde, vi uma mulher alta e magra, de cabelos castanho-claros curtos e óculos com armação de metal, parar abruptamente no corredor entre o refeitório e a área de lavagem de louça. A cena foi cômica. Ela congelou numa postura rígida esquisitíssima, segurando-se à porta entreaberta para não perder o equilíbrio. Parecia um esquilo nervoso tentando atravessar uma estrada cheia de carros.

Minha colega da Nova Aldeola estava apenas seguindo uma prática normal aqui: sempre que alguma campainha toca, seja um gongo, o telefone ou até o sino de uma igreja das vizinhanças, todo mundo para. Devemos nos concentrar na respiração e permanecer imóveis e em silêncio durante alguns instantes. Estou me acostumando a essa prática que, a princípio, me pareceu muito estranha. Só não quero parar, como a mulher magra e empertigada, aterrorizada apenas por ter de ficar imóvel.

Os budistas adoram contar a antiga história de um homem que ia a galope num cavalo. Segundo a história, o cavalo corria tanto que parecia que o homem ia a um lugar muito importante. Uma pessoa que estava à beira da estrada grita para o homem: "Aonde você vai?" O homem que montava o veloz corcel responde: "Não sei, pergunte ao cavalo!" E, se as histórias zen não bastarem para nos lembrar da futilidade de nossos hábitos, os filósofos não deixam margem a dúvidas. Henry David Thoreau afirmou: "O homem cujo cavalo trota um quilômetro por minuto não leva a mensagem mais importante".

Nossa cultura nos condicionou a mover-nos a uma velocidade vertiginosa. Há alguns anos, visitei uma amiga na cidade de Nova York. Enquanto andava até um local no SoHo para fazer um *brunch* numa tarde terrivelmente quente e úmida de agosto, vi-me três passos atrás de minha companheira de caminhada. Mesmo na velocidade em que eu ia, suava em bicas. Minha amiga virou-se e disse, muito diretamente: "Mary, você está em Nova York. Tem de andar mais depressa!" O fato de ela ficar molhada de suor o resto do dia pouco importava. Minha amiga querida — de fato, eu lhe quero muito bem — estava acostumada a andar rápido simplesmente por hábito, como quase todos nós fazemos neste mundo moderno. Se morasse na Cidade que Nunca Dorme, eu provavelmente também estaria trotando com o resto.

Antes de minha peregrinação, enquanto estava em Londres e Paris, vi isso todos os dias, rua após rua: pessoas magérrimas, vestidas de preto, de rosto tenso, com um café para viagem numa mão e o celular na outra, correndo — como se o tempo fosse um temível tirano.

Quando Thây diz que nossa energia habitual é aquele cavalo em disparada, eu acredito nele.

Thây continua a esclarecer este grupo de quatro peregrinos que está no salão de meditação, como escolares ávidos que escutam atentamente ao melhor conto de fadas — só que essas histórias são verdadeiras.

"Vocês sabem intelectualmente que a vida é bela, mas para vocês é impossível ter contato com ela por causa de sua tristeza, sua raiva e seu medo. Portanto, vocês devem se libertar de todos esses desejos, ciúmes e projetos. [...] Correndo atrás da fama, do poder e do sucesso, vocês não serão livres."

Em 2007, Gene Weingarten, colunista do *Washington Post*, conduziu um experimento social numa estação de metrô de Washington.

Numa fria manhã de janeiro, um homem sentou-se numa estação de metrô da capital norte-americana e começou a tocar violino. Durante cerca de 45 minutos, ele tocou seis peças de Bach. Era a hora do *rush*, quando milhares de pessoas passavam pela estação, a maioria das quais a caminho do trabalho.

Após três minutos, um homem de meia-idade notou que estavam tocando música. Ele reduziu o passo e parou alguns segundos, mas em seguida saiu apressado. Um minuto depois, sem parar, uma mulher jogou um dólar na caixinha. Em seguida, um homem encostou-se na parede para ouvir, mas momentos depois olhou para o relógio e foi embora. Houve uma pessoa que prestou atenção: um garotinho de 3 anos. Mas a mãe o arrastou consigo, mesmo que a criança tenha virado a cabeça para trás, na direção do músico, o tempo todo. Várias outras crianças fizeram a mesma coisa. Todos os pais, sem exceção, as obrigaram a seguir em frente.

Nos 45 minutos em que o músico tocou, apenas seis pessoas pararam e o escutaram um pouco. Umas vinte deram-lhe dinheiro, mas não pararam. Ele recolheu 32 dólares. Ninguém percebeu quando ele terminou de tocar. Ninguém aplaudiu, e não houve nenhum tipo de reconhecimento.

O músico era Joshua Bell, um dos melhores violinistas do mundo. Ele tocou peças incrivelmente complexas de Bach em um violino avaliado em 3,5 milhões de dólares. Dois dias antes do concerto no metrô, Joshua Bell lotara um teatro em Boston com entradas que custavam em média 100 dólares.

Joshua Bell tocando incógnito era parte de um estudo que analisava a percepção, o gosto e as prioridades das pessoas. Segundo o *Washington Post*, as balizas do experimento eram: Em um ambiente comum num horário impróprio, nós percebemos a beleza? Paramos para apreciá-la? Reconhecemos o talento num contexto inesperado? Se andamos tão apressados que não conseguimos reconhecer quando um músico excepcionalmente talentoso toca algumas das peças mais intricadas já escritas, quantas outras coisas não estaremos perdendo?

O resto da palestra de Dharma gravada que assistimos hoje é sobre o quanto estamos todos imersos num sonho — não acordamos para o fato de que devemos "tocar o momento presente para encontrar a verdadeira paz e a verdadeira felicidade", diz Thây. O radical de Buda é "Budd", que significa "despertar". Acho que essa é uma das razões para haver meditação caminhando aqui na Vila das Ameixeiras. Thây nos ensina a todos *como* caminhar. Hoje, por meio da tela de TV, Thich Nhat Hanh explica a maneira certa de abordar essa comum atividade:

> Quando pisar, diga a si mesmo: "Cheguei ao aqui e agora". Isso não é uma declaração; é uma constatação. Você tem corrido a vida inteira e nem por isso chegou a lugar nenhum. Permita-se chegar — você deve investir 100% em cada passo [...] para chegar de verdade. Pense na sola de seu pé e, assim, esse passo se tornará sólido. Seu pé é como o selo de um imperador no qual está escrito: "Eu cheguei".

Daqui a muitos dias, vou ouvir Thây em pessoa dizer essa mesma coisa maravilhosa novamente.

Esse tipo de caminhada contemplativa no mosteiro não tem absolutamente nada em comum com minhas velozes passadas na cidade de Nova York. E parece muito diferente da que faziam os bebedores de café de rostos opacos que vi quando estava em Londres e Paris. Imagino o que esses velozes londrinos diriam se eu os interrompesse e sugerisse que se concentrassem na sola dos pés. Eles me olhariam como se eu fosse louca. Será que esse tipo de caminhada é possível em uma cidade movimentada? Paro um instante para pensar no que acontece quando se caminha com atenção plena.

Thich Nhat Hanh chama esse tipo de caminhada "caminhar como o Buda". Há alguns dias, observo Thây atentamente quando anda, e vejo que seus movimentos têm alguma coisa diferente dos meus. Seus passos são cuidadosos, mas firmes. Eles são uniformes e contínuos. E são lentos. Meus passos são descuidados. Eles são variados e arrítmicos. E eu sempre quero andar mais rápido que o grupo — sempre. Mas há momentos em que tenho vislumbres de fluxo. Durante esses preciosos segundos, sinto o tempo parar. Thây chama esse tipo de experiência de estar profundamente no momento presente. Durante essas raras ocasiões, sinto-me gloriosa. Estou livre de preocupações com o passado e não estou planejando obsessivamente o futuro. E, o mais importante, não estou dissociada de mim mesma. Minha mente e meu corpo estão juntos.

Não se pode ter acesso a esses momentos de percepção por meio de passadas apressadas e suarentas em Nova York. Mas quando consigo desacelerar e "tocar o momento", como diz Thây, simplesmente me sinto melhor, mais leve e mais viva. Percebo o que está acontecendo a meu redor. Vejo as ameixeiras. Sinto o cheiro da grama molhada. Ouço a música dos tordos. Sinto lufadas de ar fresco no rosto. É estranho pensar que na maior parte do tempo eu na verdade não vejo, não ouço nem sinto as coisas que me cercam, pelo menos não como aqui. E talvez isso faça parte da vida em uma cidade grande. Talvez não queiramos admitir que vivemos em ruas de cimento com fios elétricos sobre a cabeça. Talvez por isso a gente siga no automático, anestesiando as sensações.

Agora, no meu sexto dia, até gosto dos sinos. Penso na mulher em pânico que espiei esta manhã, presa entre duas salas. Hoje é seu primeiro dia aqui. Talvez, após alguns dias, ela acabe relaxando. Agora, eu gosto dessas pausas. A *parada* me permite fazer uma conferência comigo mesma. Talvez eu esteja respirando mal ou falando da maneira errada com alguém. Percebi que essas pausas me fazem refletir e, se necessário, ajustar meu comportamento. Quando toca, aquela campainha me faz entrar num estado útil, contemplativo. Mesmo que essa cessação de movimento ainda pareça meio estranha, estou começando a ver sua utilidade no cultivo daquilo que Thich Nhat Hanh chama de *shamatha*, ou *parada*, um aspecto imensamente importante da meditação.

Será que eu precisava atravessar um oceano e vir para um mosteiro longínquo para sentir o aroma das folhas na terra úmida? Aqui, no interior da França, estou rodeada de belezas naturais. Basta dar um passo fora da residência para ver-me cercada por morros cobertos de macieiras e amei-xeiras, maciços de videiras entrelaçadas e girassóis de um tom marrom dourado. Fantástico. Esse ambiente obriga-me a prestar atenção, fazendo todos os meus sentidos se aguçarem. Tomo consciência de tudo à minha volta e de meu lugar dentro dessa beleza. Por que eu não faço isso em casa?

✑❧ ❧✑

Lembranças de meu pai viciado em trabalho caminham comigo na grama molhada da Nova Aldeola. Minha mãe acabou convencendo-o da impor-tância de nos contar de sua cirurgia coronariana antes que lhe abrissem as costelas. Naquele dia, nós três viajamos até um hospital de Ottawa e vimos nosso pai sair muito bem do centro cirúrgico. E embora papai tivesse se aposentado precocemente alguns anos antes, após o diagnóstico de câncer de mamãe, o *bypass* triplo o colocou diante de sua própria mortalidade. Esse alerta forçou meu pai a dedicar mais de seu tempo e de sua atenção à família.

Quando Thây diz "Caminhe como um Buda, como uma pessoa livre", penso em papai. Como teria sido a vida se meu pai tivesse continuado com o excesso de trabalho? Neste nosso mundo supercafeinado, superexaus-tivo, supertudo, eu me pergunto se vamos entender como trabalhar com mais inteligência e facilidade antes que alguma doença exija que paremos.

➤ Dia 7 ➤

Esforço:
Como *não* se tornar a supermulher

Preserve sua saúde. Seja alegre. Não se obrigue a fazer coisas que não pode.

— O BUDA

Ontem as Irmãs da Nova Aldeola puseram braceletes prateados nos ossos dos pulsos do esqueleto que fica na parte de trás do salão de meditação. Sim, o Buda anda com ossos humanos. Estou lendo *The Maha Prajna Paramita Heart Sutra* (Os ensinamentos do Buda sobre o grande caminho para o aperfeiçoamento da sabedoria), quando levanto os olhos e vejo três monjas rindo ao colocar uma mão ossuda e enfeitada sobre um quadril igualmente ossudo. A risada magnética das monjas me leva até elas. Ao me aproximar de três seres tão vivazes, rindo e brincando com aqueles despojos antigos, sou atingida pela bela estranheza da cena. O pesar é a conduta mais comum diante de coisas que evocam a morte. Mas estas Irmãs estão radiantes.

Pergunto à mais alegre das três por que um esqueleto humano está no salão de meditação. Entre mais risinhos, a Irmã de sorriso radiante responde que ele está lá simplesmente para lembrar a todos da postura correta: ao que tudo indica, ver ossos descarnados evita que algumas pessoas descuidem da postura. Uma segunda resposta vem da mesma monja: "O esqueleto está aqui como lembrete de sua morte". Sim, ela estava se referindo mesmo à *minha* morte.

Sempre que vejo o crânio branco e liso de meu esquelético companheiro de meditação, lembro-me de que vou morrer. As Irmãs da Nova Aldeola, aquelas que enfeitaram os ossos, tratam essa calada presença como se fosse uma filha querida a quem estivessem adornando e admirando. Agora vejo que em seu comportamento está sua sábia reverência à morte.

Às vezes penso nas monjas como se fossem os travessos duendes do monge onisciente que é Thich Nhat Hanh. E eles todos estão nisso juntos, tecendo sua magia comunal: a alquimia que respalda minha jornada de despertar aqui. É como se as monjas entendessem por que eu vim para a Vila das Ameixeiras. Elas parecem saber que meus pais já não estão aqui para me apoiar e me amar. As Irmãs sabem de minhas necessidades, apesar de nunca me terem feito nenhuma pergunta pessoal. Essas criaturas intuitivas transcendem os laços habituais do relacionamento. Elas saltam sobre perguntas bobas e insignificantes como se estivessem jogando um alegre jogo de amarelinha.

Penso em como, no Ocidente, uma das primeiras perguntas que se faz quando se conhece alguém é "O que você faz?". Aqui no mosteiro, em vez de *lhe* falarem, é mais provável que falem *com* você. Vezes sem fim, alguma monja de dotes misteriosos se aproximou de mim e disse alguma coisa óbvia, obrigando-me a examinar o "óbvio" em maior profundidade. Ontem uma monja vietnamita me disse: "Mary, veja o céu cerúleo; é tão grande e cheio de vida!" Em francês, isso soou ainda mais alegre e, sim, ela disse "cerúleo". Será que a monja amante do céu percebeu que suas palavras baniram imediatamente qualquer pensamento sobre a falta de meus pais? Será que todas as Irmãs da Nova Aldeola percebem quanto é forte seu papel de apoio em minha busca de refúgio e centro em meu verdadeiro Lar interior?

ↂↀↂↀↂ

Hoje, mais tarde, vou à cidade levar roupa à lavanderia e fazer algumas coisas, privilégio que nos é permitido uma vez por semana nos dias mais livres, quando não há nenhuma meditação ou estudo específico programado. São dias para nos dedicarmos a atividades de que gostamos: ler, socializar ou simplesmente cumprir algumas tarefas. Nesta tarde casual, estou sentada no único café com Internet de uma pitoresca vila francesa, lendo um e-mail de uma amiga minha de Toronto. Eu a chamo de supermulher só meio de brincadeira. Minha enérgica amiga é casada e tem quatro filhos, todos com menos de 8 anos de idade, dois *golden retrievers*, um gato amarelo bravo *e* um emprego muito puxado em tempo integral. Sua casa é enorme, é ela quem cuida da faxina e da comida e, para completar, está fazendo uma reforma há bem mais de um ano. Na mensagem, ela diz que ultimamente o trabalho tem sido ainda mais puxado e que, agora que entramos na época das festas de fim de ano, ela já foi a cinco festas seguidas, tomou muito vinho e comeu muita coisa que engorda. Admite que está precisando desesperadamente de uma noite sem álcool o mais rápido possível. Dentro de alguns dias, receberá em sua casa quarenta e cinco (45!) pessoas para um jantar à francesa e, na semana seguinte, mais trinta convidados para outro jantar desse tipo. E está exausta.

Ontem mesmo, Thây falou sobre uma espécie de mal moderno que nos leva a trabalhar com o *tipo* errado de esforço. Ainda o ouvirei dizer isso muitas vezes durante minha peregrinação: que costumamos sobrecarregar nosso corpo e nossa mente e nos empolgar com a meta de realizar nossos projetos e administrar nossas agendas sociais. Isso é a causa de uma boa parte de nosso sofrimento e má saúde. Enquanto leio o e-mail de minha amiga, reflito sobre a revelação de Thây. E entendo que uma espécie singular de inteligência atenta é essencial enquanto trabalhamos, para que o corpo e a mente não sofram nenhum prejuízo. Se exaurirmos nossos recursos sem parar, como muitos de nós claramente fazemos, por fim o poço acabará secando.

Recosto-me na cadeira rangente, olhando para a tela do computador. Atrás dela, vejo uma antiga escrivaninha de mogno e o grisalho proprietário do café, que lê Flaubert no canto. Outras palavras de Thây me vêm à mente: "Essa tensão impede o desabrochar de nossa paz. Estamos pressionando e forçando e simplesmente fazendo coisas demais". Thây havia usado como exemplo a corda de um instrumento musical para esclarecer o Esforço Correto. Se a corda estiver muito folgada, quando você a tocar não haverá nenhum som, mas se a corda estiver retesada demais, arrebentará quando for tocada. E aí é que está: como é que se anda na linha do meio, entre a preguiça e a exaustão; entre o ascetismo austero e a indulgência excessiva?

Guardo meu computador, pago dois euros ao cavalheiro leitor de Flaubert e lhe ofereço meu "obrigada" em francês.

"Decida ser livre. Decida ser livre. Decida ser livre." As sábias palavras de Thây dão voltas na minha cabeça sem parar enquanto caminho de volta da vila para a Nova Aldeola. O que estou fazendo? Estou enchendo meu tempo com demasiadas tarefas e projetos, esgotando-me com um excesso de reuniões sociais? Quando estou sobrecarregada, é impossível ser atenta. Não quero um colapso. Não quero que meus amigos, os amigos que amo, fiquem doentes de exaustão. Trabalhando com alegria e facilidade pelas coisas que realmente importam: é assim que podemos florescer.

A presença relaxada de Thich Nhat Hanh é notável e, apesar disso, sei que ele realizou feitos difíceis na vida. E isso exige esforço. Tornar-se um mestre zen-budista já não é tarefa simples, quanto mais ativista dos direitos humanos ou autor de mais de cem livros. Thây também é fundador de muitos mosteiros e organizações de assistência social e tem uma movimentada agenda de palestras pelo mundo afora. Eu mencionei que essa figura vigorosa tem 84 anos de idade?

Pergunto-me o que há no modo como esse bondoso monge trabalha que lhe confere essa capacidade excepcional de produzir grandeza e, ao mesmo tempo, preservar a própria saúde. Ontem, enquanto ouvia Thây falar desse mal moderno que às vezes nos leva a nos pressionar a ponto de ficar doentes só para atingir nossas metas, fiquei paralisada observando-o tomar chá. Com um único movimento, o cuidadoso monge pegou o recipiente (sem asa) de cerâmica e o levou tranquilamente à boca. Olhei para seu rosto enquanto tomava um gole: ele *sabia* que estava bebendo; estava cheio de paz. E então Thây lentamente pôs o recipiente na mesa. Não havia absolutamente nenhuma pressa em qualquer desses movimentos. E, no entanto, não consegui deixar de pensar no formidável esforço que deve ter sido necessário para que Thich Nhat Hanh levasse seus projetos a cabo. Thây não se apressa. Ver a postura relaxada, mas sumamente produtiva, desse lúcido monge ajudou-me a perceber que o sucesso provém do domínio do Esforço Correto, um passo essencial no Nobre Caminho Óctuplo. Observo que Thây trabalha com altruísmo e facilidade, de um modo que não deve exaurir seus recursos; depois o ativo octogenário direciona esses esforços para cultivar uma sabedoria cada vez maior e iluminar o mundo.

Hoje mais cedo, enquanto meditava com o esqueleto enfeitado, notei mais que de hábito as monásticas cabeças raspadas das Irmãs. E isso me fez pensar em crânios e na morte. Será que esta é a razão modesta e petulante de seu despojamento dos cabelos: ver o crânio ossudo e lembrar-se da proximidade do túmulo? Lembro-me da cripta dos capuchinhos em Roma: lá, ao lado de pilhas de crânios humanos, há uma placa que diz: *Nós somos como você foi um dia. Você será como somos.* Um *memento mori.* Eu havia lido a respeito desse lembrete da mortalidade em *How Shakespeare Changed Everything*, de Stephen Marche. Os monges de cabeça raspada entenderam a morte? Esses pensamentos giram em minha cabeça enquanto volto da vila para o mosteiro, e as reflexões permanecem comigo até o jantar.

Depois que o jantar e o silêncio acabam, digo a uma amiga holandesa que estou pensando em raspar a cabeça. Ela me olha diretamente e diz que não tenho permissão de participar desse ritual budista: "Só monges têm esse privilégio. A tonsura ocorre durante a cerimônia da ordenação. Você quer fazer os votos e tornar-se monja?" Tenho um instante de decepção misturada com alívio enquanto assimilo minha nova constatação: tenho que manter meu cabelo.

Agora à noite, deitada na cama, estou passando os dedos pelo cabelo e pensando em todas as pessoas que conheço que levam o trabalho a extremos, numa exaustão que as está destruindo. E não é só isso: algumas delas perseguem metas *questionáveis*, deixando sua vida naufragar em troca de dinheiro, poder ou fama. Penso nas vezes em que eu mesma saí dando rompantes pela vida, em busca de prazeres fugazes. As monjas não perdem tempo com essas buscas transitórias em que muitos de nós prejudicamos a saúde. Em vez disso, elas aspiram a aperfeiçoar o ensinamento do Buda sobre o Esforço Correto, a viver uma vida que seja física, emocional e mentalmente revigorante e equilibrada. Imagino uma monja vietnamita com sua veste marrom em uma rua de Paris, com um café para viagem numa mão, o celular na outra e um cigarro pendurado na boca, correndo para chegar a algum lugar. Rio do absurdo desse quadro. Parece que as sensatas Irmãs estão me influenciando por osmose.

⮜ Dia 8 ⮞

Silêncio:
Como *não* acender um fogo

Se alguém consegue ser elegante e cortês diante de estranhos, isso mostra que
se trata de um cidadão do mundo e que seu coração não é uma ilha isolada de
outras terras, mas sim um continente que as une.

— FRANCIS BACON

Há alguns dias, notei que não haviam acendido o fogo na lareira do refeitório, embora já houvesse muitas monjas e peregrinos tremendo de frio na fila do café da manhã. E devo dizer que as manhãs de novembro em um mosteiro francês exposto a correntes de ar são geladas, para dizer o mínimo. Como as monjas estavam atarefadas preparando gigantescos caldeirões de mingau de aveia, perguntei se podia acender a lareira. Podia — na verdade, qualquer um podia — e minhas Irmãs ficaram agradecidas pela ajuda no aquecimento.

Acender a lareira é uma das coisas que mais gosto de fazer. Adoro todas as etapas: juntar papeizinhos, arrumar direitinho a lenha e depois ver as chamas ganharem corpo. Então, quase todos os dias, desço para o refeitório antes do café da manhã e acendo alegremente meu "foguinho".

Todas as manhãs, até após o café, há um período de "silêncio nobre", o que implica que não se pode falar durante nenhuma atividade, muito menos acender nenhuma lareira. Sentada no banco de madeira ao lado da lareira, sigo minha rotina usual e começo a planejar minha estratégia de empilhamento da lenha. Assim que termino de pôr um papel amassado com toda a perfeição debaixo de um pedaço de lenha, sinto um bafo quente em minha nuca. Olho para trás e vejo os olhos azuis de uma francesa mais idosa, de cabelos prateados e um toque vistoso de cor em volta do pescoço. Ela está tão perto de mim que sua estilosa echarpe cor de oliva e carmim roça o lado esquerdo de meu rosto. Ela deve ser nova por aqui. Eu não a reconheço. Essa francesa chique gesticula em silêncio para mim alguma coisa que não sei bem o que é. Continuo acendendo o fogo.

Há muito os budistas praticam essa tradição de observar períodos de "silêncio nobre" ou quietude. Sabe-se que o Buda permanecia em silêncio se alguém lhe fizesse uma pergunta, mas não tivesse condição de entender a resposta ou se a própria pergunta tivesse sido feita de maneira errada. Em diversas ocasiões, o Buda explicara cuidadosamente que a linguagem era limitada e não poderia descrever a *Verdade Suprema*. Sempre que o Buda ficava em silêncio assim, esse silêncio era chamado de "silêncio nobre". Anos atrás, durante meu primeiro retiro silencioso na Índia, depois de passar dez dias sem dizer uma palavra, percebi tanto as limitações quanto o poder da linguagem. Durante as semanas que se seguiram, tornei-me profundamente conhecedora de cada palavra que me saía da boca e de minha responsabilidade por seu sentido. Foi uma experiência de libertação e emancipação.

Porém há um lado engraçado nesse ritual budista. Algumas pessoas sentem-se obrigadas a comunicar-se de outras maneiras, então fingem falar as palavras, sussurram alto ou criam gestos um tanto frenéticos com as mãos, como numa boba brincadeira de mímica. É exatamente um desses episódios cômicos que está acontecendo agora. A francesa que está respirando em cima de mim acha que não estou acendendo bem esse fogo. Isso eu posso deduzir pelo modo como balança a cabeça, expirando em grandes suspiros e gesticulando fervorosamente para que eu me afaste. Ela quer usurpar meu valioso cargo de chefe do acendimento da lareira, e isso para mim é um insulto. É isso que ela está tentando me dizer no pesado silêncio. Minha frustração cresce ainda mais quando ela pega o pedaço de lenha que eu tinha arranjado com tanto cuidado e ele cai reto. "Assim o ar não vai circular sob a lenha — o fogo precisa de ar!" Mas não posso dizer isso em voz alta. Não posso dizer nada, e essa mulher está menosprezando ostensivamente minhas habilidades. Ela acha que sabe mais que eu, e isso simplesmente não é verdade. Tento não me irritar, mas a emoção me supera. Aqui, no silêncio ensurdecedor, não posso dizer uma palavra sequer. Eu não deveria reagir, mas já reagi.

Antes das palestras de Dharma de Thich Nhat Hanh, uma monja ou um monge nos relembra nossas tendências neuróticas pedindo em voz alta: "Oxalá possamos nos libertar de nossos complexos de superioridade, complexos de inferioridade e também complexos de igualdade." Na primeira vez em que ouvi esse apelo, empaquei na parte da "igualdade". Então, hoje, após reconhecer meu próprio complexo de superioridade e o da ditadora de fogo francesa, voltei meus pensamentos para os complexos de igualdade.

Em nossa sociedade moderna, o termo *igualdade* representa na maioria das vezes um ápice que deve ser atingido. Eu sempre pensei na igualdade de direitos humanos, por exemplo, como um ideal extremamente valorizado. Agora os monges me fazem pensar, novamente, sobre mais uma maneira condicionada de ver o mundo.

Na perspectiva budista, a igualdade é um "complexo" porque, como ocorre nos complexos de superioridade e inferioridade, um complexo de igualdade envolve comparações. Como temos de nós mesmos a visão errada, tendemos a comparar-nos a outros: "Sei acender uma lareira tão bem quanto ela", por exemplo. As comparações colocam problemas porque subestimam a importância da seguinte verdade: *nós estamos uns nos outros*. Além disso, como todos nós contemos os mesmos elementos do mundo, nenhuma comparação é existencialmente relevante. Já que todos nós somos feitos de coisas que não somos — água, minerais, oxigênio, aquele café que você acaba de tomar, o chá verde que eu tomei — *eu estou em você e você está em mim*. A ditadora francesa está em mim; eu sou a ditadora francesa. Você, eu e a ditadora francesa contemos os mesmos elementos não humanos. Conforme o *budismo*, se não enxergamos essa verdade, temos um complexo. Estaremos discriminando.

Mas quero voltar ao meu complexo, "Quem é a mais exímia acendedora de lareiras?". Hoje, não entendi a sabedoria da não discriminação. Estou discriminando ativamente minha companheira de peregrinação, assim como ela parece estar fazendo comigo. É claro que não há nenhuma possibilidade de comunicação real enquanto houver discriminação. E embora o silêncio pareça comunicar-se de infinitas maneiras — o frio ombro da raiva e da hostilidade, o desdenhar, o ignorar, o silêncio da incompreensão ou confusão, a passividade do comportamento passivo-agressivo —, nada disso é *verdadeira* comunicação. A ditadora francesa e eu não estamos nos comunicando aqui, neste silêncio. Nenhuma das duas tem a sabedoria da não discriminação.

Esta semana, Thây esclareceu esse ensinamento da não discriminação contando a história de um momento em que ele segurou um prego na mão esquerda e um martelo na direita. Quando foi bater no prego com o martelo, ele errou e bateu na mão esquerda. Thây então nos perguntou: "Minha mão direita repreendeu a esquerda por se meter no meio? Não. Minha mão direita imediatamente massageou a esquerda. Ela teve a sabedoria da não discriminação".

O escritor e especialista em mitos Joseph Campbell, num livro de conversas com Michael Toms, descreveu um ensinamento do místico indiano do século XIX Sri Ramakrishna: "Na medida em que se identificar com a consciência que move e habita seu corpo, você estará se identificando com aquilo que compartilha comigo."

Sua Santidade, o Dalai Lama, diz o seguinte: "Existe uma consciência comum que é nossa base e, assim, em consciência, somos um".

E tudo isso nos leva à questão de como ficar à vontade com o fato de que essa consciência que está dentro de mim é a mesma consciência universal que está nessa ditadora mandona. Como cultivar a sabedoria da não discriminação?

Evidentemente, todos nós temos capacidades únicas "por fora", já que um jogador de basquete que tem 2,10 m de altura pode enterrar uma bola na cesta, enquanto o fazendeiro francês nosso vizinho, que tem 1,60 m, não pode. Mas, por dentro, o astro da NBA e o fazendeiro contêm os mesmos elementos não humanos e o mesmo potencial espiritual. Por dentro, somos todos iguais, é claro.

De algum modo, na batalha silenciosa entre duas peregrinas, um fogo se acendeu como manda o figurino. Enquanto me ponho na fila para o café da manhã, penso em como o silêncio revelou a rapidez e a futilidade de minha reação negativa a algo que estava fora de mim. Não preciso me permitir ser arrancada abruptamente de minha base interior. E não é só isso: sem a irritante ditadora francesa para me desafiar, eu não teria tido a chance de me tornar mais resistente e me conectar com a parte de mim que é dura como uma rocha. Como é aquele velho ditado segundo o qual nossos inimigos são nossos melhores professores? Acho que é verdade.

Dia 9

Ação:
Por que é bom salvar
um punhado de formigas

O homem é a soma de todos os seus atos.
— JEAN-PAUL SARTRE

Há alguns anos, eu fiz um passeio de canoa num lago remoto do norte de Ontário com um grande namorado que tive, chamado Doug, e dois amigos dele. Uma noite, os quatro ficamos meio desesperados procurando um lugar apropriado para montar a barraca antes do pôr do sol. Um dos últimos locais disponíveis tinha sido tomado por legiões de formigas negras que convergiam todas para o que provavelmente era o maior formigueiro já visto pelo homem. Quem estivesse por perto teria visto quatro campistas muito cansados, de remo na mão, olhando boquiabertos para a imponente colônia de insetos rasteiros. O silêncio finalmente foi quebrado quando um dos amigos de Doug sugeriu que puséssemos fluido de isqueiro no formigueiro e tocássemos fogo nas formigas. Dizer que fiquei horrorizada com a ideia de incendiar a casa delas, por mais ameaçadoras que fossem, seria um eufemismo. Virei-me para Doug e disse que não iria fazer parte de nenhum pelotão de extermínio de formigas. Doug concordou plenamente.

Karma significa simplesmente "ação" e é de três tipos: pensamento, palavra e ação física. Seus pensamentos têm poder, suas palavras têm poder e suas ações físicas têm poder. Tudo que você pensa, diz e faz produz uma cadeia de ação e reação de consequências infinitas e incognoscíveis. Não é possível retirar um mau comportamento. No livro *Buddha Mind, Buddha Body*, Thây enfatiza que não há saída: "Aquele seu comportamento não tão bonito se projeta imediatamente no futuro e dá início à cadeia de ação e reação."

Queimar um monte de formigas pode parecer insignificante, mas na verdade esse tipo de coisa é feito todos os dias porque os seres humanos costumam ser míopes e egoístas. Esse raciocínio equivocado tem levado à destruição e ao desequilíbrio ambiental, como advertiu o famoso entomologista E. O. Wilson: "Se os insetos desaparecessem, o ambiente terrestre logo entraria em colapso e seria o caos". Ao que parece, as formigas remexem mais a terra do que as minhocas, e isso as torna essenciais para o solo. E é evidente que precisamos que o solo se renove para que as flores e as plantas sobrevivam. Mas, se proteger a vegetação que comemos não for incentivo suficiente para que observemos nossos atos, sempre existe a possibilidade de lermos esta parábola budista, que conheci muitos anos depois da história das formigas.

Há muito tempo, havia um velho monge que, com prática diligente, atingira certo grau de sabedoria espiritual. Esse monge tinha um jovem noviço de 8 anos de idade. Um dia, olhando para o rosto do garoto, o monge viu que este morreria em poucos meses. Entristecido, o monge lhe disse que tirasse umas longas férias e fosse visitar os pais. "Não se apresse", disse o monge. "Não precisa ter pressa para voltar." Ele acreditava que o garoto deveria estar com a família quando morresse. Três meses depois, para seu espanto, o monge viu o garoto voltar, subindo a montanha. Quando este chegou, o monge olhou atentamente para seu rosto e viu que ele agora viveria longos anos. "Conte-me tudo que aconteceu quando você estava fora", disse o monge. O garoto falou-lhe da viagem descendo a montanha, das vilas por que passara, dos rios que atravessara e das montanhas que havia escalado. Então o garoto contou ao monge que um dia chegou a um riacho que transbordara. Enquanto tentava atravessá-lo, percebeu que uma colônia de formigas tinha ficado presa em uma ilhota formada na enchente. Por compaixão das pobres criaturas, o garoto pegou um galho de árvore e o deitou sobre uma parte do riacho até que chegasse à ilhota. As formigas começaram a atravessar, e ele segurou o galho até que todas tivessem escapado para a terra.

"Então", pensou o velho monge, "é por isso que os deuses prolongaram-lhe os dias."

No livro *The Art of Power*, Thich Nhat Hanh frisa que "a qualidade de sua ação depende da qualidade de seu ser". Se você não estiver feliz, por exemplo, não conseguirá oferecer a verdadeira felicidade a nenhum outro ser. "Portanto, há um vínculo entre fazer e ser. Se não conseguir ser, você não conseguirá fazer."

๛๏ ๑ค

Estou sentada no Salão de Dharma, na Aldeola de Cima, ouvindo Thich Nhat Hanh explicar que é possível neutralizar o karma que você gera. Thây está descrevendo como a *atenção plena* pode abarcar uma ação perniciosa para neutralizar seus efeitos e também iniciar algum tipo de ação benéfica. Portanto, podia haver uma saída para aquele bando semi-irresponsável de campistas tantos anos atrás, mesmo que eles tivessem sido arrogantes o bastante para queimar um monte de formigas.

Antes de descrever o seguinte evento sombrio da Guerra do Vietnã, Thây diz: "A atenção plena não cura só o presente — ela cura o passado e o futuro".

Anos após a Guerra do Vietnã, Thich Nhat Hanh organizou retiros de meditação para veteranos de guerra dos Estados Unidos. Em um desses retiros, havia um ex-soldado extremamente traumatizado. Esse veterano havia contribuído inadvertidamente para a morte de cinco crianças vietnamitas durante a guerra. O destacamento do soldado americano havia sido destruído por guerrilhas vietnamitas, causando a morte de muitos de seus colegas. Em sua dor e raiva, o soldado buscou retaliar essas mortes. Inseriu explosivos em sanduíches e os pôs num local em que os mesmos soldados vietnamitas os encontrassem e comessem. Em vez dos soldados, quem encontrou os sanduíches foram cinco crianças vietnamitas. Ao ver a terrível cena, o soldado americano ficou apavorado. Sabia que não havia como salvar as crianças inocentes. O hospital ficava a quilômetros de distância. Aquelas crianças tiveram uma morte atroz.

O veterano de guerra viveu uma culpa torturante durante muitos anos. Thây nos diz agora que, antes de lhe contar essa história, o veterano não a compartilhara com mais ninguém a não ser com a mãe, que não conseguira aliviar-lhe a culpa. Após a guerra, toda vez que o ex-soldado se via perto de crianças, seu sofrimento era imenso. Ele não conseguia ficar na presença de criança alguma, tamanhos eram seu remorso e sua dor.

Thây prosseguiu, informando-nos que, ao ouvir do veterano a história da morte das cinco crianças, disse-lhe que essas mortes não tinham sido uma boa coisa. Aquele karma não era bom. Mas o soldado poderia fazer outra coisa, algo de bom para neutralizar aquela má ação do passado.

Thich Nhat Hanh lembrou ao veterano que, todos os dias, morriam crianças em muitos países, e pelas razões mais simples, como a falta de um medicamento. E disse-lhe que era possível fazer alguma coisa agora. Esse ex-soldado poderia decidir salvar a vida de outras cinco crianças. E não só isso: poderia também salvar a vida de mais de cinco crianças. Se esse homem, que estava realmente arrependido, conseguisse fazer isso durante algum tempo, neutralizaria o karma, a ação destrutiva do passado. Thây nos conta que, em alguns minutos de aconselhamento, o soldado ferido saiu da negativa disposição de espírito em que se encontrara por todos aqueles anos. Imediatamente desejou ajudar as crianças que estavam morrendo pelo mundo. Thây diz que o arrependido ex-soldado, revigorado, partiu para salvar ativamente a vida de inúmeras crianças mundo afora, crianças que, do contrário, certamente teriam morrido.

O ato edificante do ex-soldado no presente transformou seu ato destrutivo no passado, o libertou da culpa, da tristeza e do remorso e criou para ele um futuro imensamente gratificante e pacífico. No livro *Buddha Mind, Buddha Body*, Thich Nhat Hanh diz: "Tudo é impermanente: sua culpa, seu medo, sua raiva. As coisas podem se transformar muito rápido, se você conhecer a prática".

Sua Santidade, o Dalai Lama, diz o seguinte no livro *Path to Bliss*: "Certas pessoas entendem mal o conceito de karma. Elas julgam que a doutrina da lei da causalidade do Buda significa que tudo é predeterminado, que não há nada que o indivíduo possa fazer. Isso é um tremendo mal-entendido. O próprio termo karma, ou ação, é um termo de força ativa, o que indica que os eventos futuros estão em suas próprias mãos. Como a ação é um fenômeno cometido por uma pessoa, um ser vivo, está em suas próprias mãos decidir se parte ou não para a ação".

Mesmo que cometamos o mais monstruoso de todos os erros humanos, ainda há uma saída. Os ensinamentos do Buda nos ajudam a entender que temos a possibilidade de neutralizar nosso karma negativo e elevar nossas ações no presente.

Todos os dias, temos a oportunidade de salvar e proteger as vidas de muitos seres no mundo. Esse grande poder lhe trará uma imensa alegria.

～ Dia 10 ～

Paciência:
Como tirar a pele de uma noz

Não corte o que você pode desamarrar.
— JOSEPH JOUBERT

O gongo das 5 horas da manhã acaba de soar. Semidesperta, sinto novamente o ar frio no nariz. Pela décima vez, resisto à ideia de me levantar. Pela décima vez, não quero sair de debaixo de meu cobertor quente. E, pela décima vez, acabo conseguindo sair da cama a tempo. Como sempre, a prática da manhã começará às 5h30. Portanto, enrolo meu xale de lã marfim em torno de meu corpo gelado e desço as escadas da residência em direção ao Salão do Buda, sem deixar de fazer meu habitual *pit stop* no banheiro.

Vendo tudo borrado, desço sem fazer ruído estas escuras escadas monásticas sentindo-me reconfortada e, ao mesmo tempo, ansiosa por causa da rotina. Mas este desafio de despertar, dia após dia, em manhãs negras e frias está construindo meu caráter — posso sentir isso. Com certo excesso de otimismo, deixo-me exaltar por essa ideia ao me dirigir ao Salão do Buda.

Faço minha pausa regular no aparador com chá, pois prefiro beber apenas água tépida até que os aquecedores sejam acesos, após a meditação. Tomo um gole da bebida insípida e contemplo comportamentos repetitivos. Mesmo quando gosto de uma rotina, quando reconheço em mim algum comportamento padronizado, mudo a abordagem por medo de criar um hábito que se torne difícil de romper. Evidentemente, algumas fixações são bem simples de deixar, como acordar cedo, por exemplo. "Será que existe alguém que adore acordar antes do nascer do sol todos os dias?", eu me pergunto. Ao deixar pela metade minha caneca de água, lembro-me que sem dúvida precisamos nos esculpir para poder criar uma estrutura firme. Hoje, enquanto caminho antes do nascer do sol para o Buda, penso em meu rígido treinamento de balé. Aquela disciplina de dançarina me preparou para a vida de várias maneiras úteis. Sei do valor de acordar cedo, mas nunca consegui dominar de verdade essa arte.

Eu porém sempre adoro o primeiro instante, logo que entro no cativante salão de meditação, com seu ar budista, seu teto em arcada, suas paredes de pedra cinzenta e suas antigas vigas de madeira castanho-clara. Esta manhã, a reluzente estátua do Buda me vê pela décima e gloriosa vez, com os olhos dessa mente onisciente. A majestade do Buda é uma presença estabilizadora. Ocupo meu lugar, dessa vez na segunda fileira a contar do fundo para a frente, e observo a conformidade das vestes monásticas marrons no salão. As cabeças femininas raspadas estão cobertas com gorros de lã marrom ou nuas, brilhando à luz, embora algumas tenham uma sombra às 5 horas que faz essas radiantes monjas zen-budistas parecerem mortais. As magníficas cabeças encimam colunas de Buda perfeitamente eretas, seus olhos não dardejam pelo ambiente como os nossos. Às 5 horas e 30 minutos em ponto, a prática de meditação começa. Há sinos, cânticos, instruções guiadas e caminhada atenta em um círculo oblongo em torno das fileiras de lugares de meditação, além de nossa prática regular de *curvar-nos diante da terra*, prostrações diante do resoluto Buda. Hoje instruem-me a "inspirar o riacho da floresta e sorrir ao expirar com o riacho da floresta". A prática desta manhã, como sempre, dura uma hora e meia. Hoje consigo inspirar-me pela rotina de meditação, mas então um pensamento se esgueira em minha mente: "E se eu tivesse de fazer isso todo santo dia de minha vida?" A ideia me deixa aterrorizada. Ao sair do salão, encaro mais uma vez a conformidade das Irmãs de vestes marrons.

Após um breve descanso em meu quarto, deitada de costas para me alongar depois da meditação, desço para o refeitório. São 8 horas, hora do café da manhã. Sirvo-me das mesmas coisas de sempre — uma laranja, mingau de aveia com açúcar mascavo, leite de soja quente e amêndoas (novamente rotina) — e em silêncio escolho um lugar diante de uma de minhas amigas irlandesas/francesas, uma mulher de quem eu gosto muito. Evidentemente, não se pode falar durante as refeições. Porém é fácil perceber o que as pessoas mais próximas de nós estão fazendo. E, no silêncio, vejo minha amiga profundamente concentrada na mesma tarefa a que me dedico: a delicada arte de tirar metodicamente a pele de várias amêndoas. Minhas mãos estão pegajosas com o sumo da laranja que acabei de comer, de modo que retirar a pele dessas pequenas joias constitui um pequeno desafio. Minha amiga também está lutando.

Uma a uma, nossas Irmãs e amigas deixam o refeitório, alegremente saciadas pelo café da manhã. Logo estamos, apenas minha amiga e eu, sentadas diante uma da outra, ainda retirando a pele das amêndoas. Em casa, eu jamais passaria vinte minutos nessa tarefa; simplesmente não desperdiçaria meu tempo nisso. Mas aqui acontece uma coisa interessante: enquanto retiro pacientemente a pele das amêndoas escorregadias, sinto-me ligada à minha amiga nesse ato comum de uma forma surpreendente, como se nos entendêssemos tacitamente. Não é que estejamos ambas retirando a pele de amêndoas, pois isso é algo corriqueiro, mas sim que isso está fazendo outra coisa crescer dentro de nós. Aqui estamos em reverência. Em silêncio, nós aplaudimos a tenacidade e a paciência uma da outra. Posso sentir isso em nossa presença unificada. Após a refeição silenciosa, olho para minha amiga. Estamos sozinhas no refeitório vazio. Sorrio. O rosto diante de mim se ilumina.

Depois, reflito sobre esse café da manhã com amêndoas de hoje. "Nossa capacidade de suportar a espera afeta tudo em nossa vida", percebo. Com a paciência ao nosso lado, manteremos o rumo quando houver turbulências.

Desde que deixei meu lar no Canadá, minha força mental tem crescido. Muitas vezes, enquanto estava sozinha na França antes do início de minha peregrinação, me senti só, aquele tipo de solidão que decorre da distância geográfica de todos aqueles que você ama. Mas de algum modo eu sabia que, se conseguisse ter paciência, minha vida mudaria para melhor. Thây diz que, "Como num jardim, as sementes que plantamos na vida precisam de tempo para germinar". Ele sabe que tudo que devemos fazer é regar e amar essas sementes, pois o tempo e o espaço farão sua mágica.

Após dez dias da vida em ritmo lento do mosteiro, uma coisa que sei é que não quero montar num cavalo em disparada e passar correndo pela vida. Os parisienses e londrinos tensos com seus celulares/cafés/cigarros nas mãos que vi antes de minha peregrinação deixaram isso bem claro. Vi esses citadinos jogarem descuidadamente seus audaciosos Gauloises sem filtro em paralelepípedos antiquíssimos da Europa. Essa não era a Paris romântica que eu adorava. Aqui, na Vila das Ameixeiras, eu vislumbro a possibilidade de tranquilizar a dor de minha alma lenta e firmemente. Incontáveis dias de prática de meditação e tarefas de cultivo da paciência, como "pelar amêndoas", são o bálsamo para minhas dores.

Tenho de admitir que, após voltar de minha peregrinação, não fiquei cara a cara com amêndoas durante vinte minutos, mas, certo dia, passei dez minutos com um punhado delas. Isso me pareceu uma eternidade, mas me fez lembrar o imenso valor da paciência. A disciplina da paciência é minha melhor amiga. Ela merece lugar de honra em meu Lar interior. Ter a força de suportar sabiamente o esperar muda tudo para melhor. As tempestades têm um começo e um fim. Tenho a impressão agora de que paciência geralmente é tudo de que precisamos para atravessar nossos piores dias.

☞ Dia 11 ☜

Alegria:
Cozinhando com os rapazes

O pesar se basta, mas para obter tudo que a alegria pode dar,
precisamos ter alguém com quem dividi-la.
— MARK TWAIN

"**C**erto, então quem quer ajudar a fazer o almoço?" Meu salvador chegou. Esse redentor vem sob a forma de um homem que parece beirar os 30 anos, tem cabelo castanho arrepiado, óculos, rosto doce e um carregado sotaque escocês que me traz lembranças de meu querido pai, que era natural de Glasgow.

Estou sentada com vários peregrinos no chão nu de uma sala exposta a correntes de ar da Aldeola de Cima, a residência dos monges. Estamos reunidos para uma discussão sobre a palestra de Thây desta manhã. Essas discussões destinam-se a analisar os ensinamentos do dia, só que às vezes perdem o rumo, e os peregrinos acabam tagarelando sobre questões pessoais que não têm nada a ver. Perco a paciência sempre que uma discussão resvala para o território da terapia autocomplacente, pois isso deve ser evitado. Olho em volta. Defronte de mim está o italiano de cabelo escuro, objeto de uma pequena e fugaz fixação da minha parte, que se evaporou imediatamente quando ele disse uma besteira. A seu lado, está Tom, o jovem norte-americano. Sempre gosto do que ele tem a dizer. Ao lado de Tom está um canadense musculoso, curtido e tatuado, natural da Terra Nova, além de mais alguns. Estou com frio, como sempre, sem uma almofada ou colchonete em que me sentar, e alguns dos rostos que vejo parecem um pouco desanimados. Quero ir embora.

O cara que pede ajuda na cozinha é um agradável jovem escocês chamado Stuart. Antes que ele acabasse de fazer a pergunta, minha mão já havia se erguido, aparentemente antes de meu cérebro a direcionar para o alto. "Eu!" Pronto, sou uma voluntária. "Ótimo." Stuart me lança um sorriso enorme e pede-me que o acompanhe. No minuto seguinte, estou em uma cozinha grande, praticamente uma casa, cheia de conchas e caldeirões gigantescos. Sinto uma alegria instantânea.

Quando você cozinha, cozinha. Quando você lava a louça, lava a louça. Quando você come, simplesmente come. Ponto. É o caminho para a felicidade, diz o Buda.

O canadense tatuado também se ofereceu para integrar a equipe responsável pelo almoço, assim como mais três dos homens. Sou a única mulher. Quando me dou conta, estou recebendo a incumbência de cortar uma montanha de cenouras com o terra-novense. Uma grande âncora me encara no braço musculoso. E então a paquera começa. Mas é inofensiva, e temos lotes oceânicos de sopa para cozinhar num cronograma rígido. E, além disso, o rapaz de Rock Island é de uma sinceridade brutal e, de quebra, encantadoramente engraçado.

Acabo de cortar a sexta cenoura, e provavelmente ainda faltam umas cem, mas de algum modo não tenho a sensação de que isso seja uma tarefa.

Procuro a razão. Somos todos criaturas sociais e precisamos de companhia para poder dar o melhor de nós. Mas, para desfrutarmos de nosso tempo juntos, nossos camaradas precisam pensar um pouco como nós pensamos. Sinto isso aqui. Embora essa equipe de preparação de sopa seja única e composta de participantes de formações e países diferentes, temos um interesse em comum. Em termos gerais, esse interesse é uma curiosidade séria diante dos ensinamentos do Buda e, especificamente, sobre os de Thich Nhat Hanh. Embora a situação de cada um de nós na vida seja um mistério para os outros, foi essa situação que nos trouxe até aqui, longe de nossos lares e de nossos estilos de vida fáceis, para a cozinha deste mosteiro, onde vivem vários pés de alecrim. E é por isso que posso esfregar esses vegetais alaranjados com vontade e cortá-los com alegria. Uma tarefa que normalmente me deixaria intimidada se transforma numa tarefa fácil por causa destes irmãos cozinheiros, amantes do budismo e da aventura. A compreensão e o respeito que temos uns pelos outros são tácitos. Isso é verdadeiramente enaltecedor.

O escocês tem controle absoluto sobre a cozinha. Somos os alegres e obedientes ajudantes de Stuart e, por isso, a comida vai ficar deliciosa. O tatuado começa a cantar uma espécie de canção celta. A melodia "pega", e todos acabamos cantarolando também. Cantarolar e cozinhar: como é fácil para mim sentir alegria.

Penso nos pobres coitados que ainda estão lá em cima, naquela fria sala monástica, tentando entender a vida e todo o seu sofrimento. Às vezes é melhor deixar a cabeça de lado e agir, fazer alguma coisa, qualquer coisa. Sinto isso de uma maneira muito forte agora, aqui na cozinha, criando alegremente poções com os rapazes.

Thich Nhat Hanh diz que a felicidade é possível, não importa qual seja a sua situação. O monge é um otimista que afirma só precisarmos saber percorrer o terreno. Na palestra desta manhã, Thây usou como exemplo os espinhos de uma rosa: "Se quisermos colher uma rosa, temos de tocar em alguns espinhos. Portanto, precisamos encontrar um meio de entender os espinhos que estão ali com a rosa. Nossos sentimentos negativos são como esses espinhos. É inevitável que haja espinhos junto às pétalas de uma rosa, e essas belas pétalas são como nossa alegria. Então, não devemos achar que não podemos ser felizes porque há espinhos por perto. As pétalas da rosa ainda estão lá". Thây explicou que podemos ter um *espinho* de tristeza no coração, por exemplo, mas, mesmo assim, sentir a *flor* da alegria. Quanto mais praticamos essa forma de viver, mais alegres ficamos, independentemente da situação. E isso é fundamental, pois a alegria é um dos fatores da iluminação.

"Inspirando, sinto alegria. Expirando, sinto alegria." Thây nos ensinou essa meditação para alimentar nossa alegria e incentivar-nos a abrir mão do que nos deixa cansados, tristes ou preocupados. Sem alegria, disse o Buda, não podemos nos libertar.

O terra-novense ainda está cantando a canção celta.

Pergunto-me se os peregrinos que estão discutindo a palestra de Thây agora, naquela residência fria e sombria, não estão chafurdando no território da vitimização enquanto se queixam de suas variadas tristezas. Será que estão usando a discussão em grupo como veículo para anunciar suas inquietudes pessoais no mundo, em vez de analisar os ensinamentos do Buda? Sim, estou zombando ceticamente de meus companheiros de peregrinação. Isso não é muito do meu feitio. Mas é isso. Olho para Stuart. Com uma faca reluzente, o escocês está picando entusiasticamente um grande maço de tomilho para a sopa. O jovem *chef* está inteiramente absorto nessa tarefa corriqueira. E também sei que ele tem muitas situações sofridas na família. No entanto, não reclama nem fala sem parar sobre seus problemas.

Em quarenta dias, não ouvirei Stuart falar uma só palavra negativa. Jamais. Ele simplesmente cuida do que tem de cuidar. Ele dá de si, orquestrando essas criações culinárias em massa que fomentam a alegria.

Stuart está criando com maestria uma ligação sábia com seu Lar interior, e isso é claro. Vê-lo alimenta minha própria decisão, à medida que vou preparando o meu. Amo Stuart por sua tranquila integridade, sua entrega e sua perene influência sobre mim.

Dia 12

Humildade:
Brasil x Alemanha

Bem-aventurados os mansos, pois herdarão a Terra.
— MATEUS 5:5

Na residência da Nova Aldeola, uma discussão entre duas visitantes está ficando cada vez mais feia. As jogadoras: Rita, uma brasileira sem papas na língua, de cabeleira cor de fogo e traços faciais tão fortes quanto suas opiniões, e Angelika, uma pálida e calada alemã de cabelo bege, pele bege e olhos bege. Até seu vestido, suas meias e sapatos são cor de camelo, o que a faz parecer ainda mais um filhotinho macio e ferido.

Isso nunca poderia acabar bem.

Esta manhã, após o café, aconteceu de nós três estarmos ao mesmo tempo na área do lavatório. Estou escovando os dentes quando escuto as duas peregrinas começarem a brigar, poucos metros à minha direita. Parece que há algum tipo de divergência por causa de um acerto de viagem. Deduzo que só resta um lugar no carro que está de partida para a vila, e ambas querem esse lugar. Parece que a impositiva Rita está tentando agarrá-lo, mas ele já foi cedido a Angelika. Finalmente, cansada do queixume incessante de Rita, obviamente irritada, mas mesmo assim um filhotinho, Angelika diz a Rita que vá em frente e pegue o lugar, já que reclama tanto. A brasileira se altera, está claramente disposta a brigar. Mas a frágil alemã não vai morder essa isca e dá um gelo na brasileira. Isso só faz a outra enfurecer-se. Ela diz que é brasileira e gosta de dizer o que pensa, que seu modo "esquentado" de falar é apenas seu modo de se comunicar e que não pretende ofender. Isso faz a reservada alemã fechar-se ainda mais. E aquilo continua interminavelmente. Rita continua provocando Angelika, fazendo a calada garota recolher-se ainda mais. A brasileira exige que Angelika se abra e diga o que pensa, enquanto a alemã ferida parece não suportar a ideia de revelar nenhuma verdadeira emoção a essa estranha exigente. Enquanto isso, eu me encolho na pia do canto, com a boca cheia de pasta de dentes. É uma cena atroz.

Tentando não fazer alarde, vou para meu quarto e reflito sobre o que acabo de ver.

Muita gente vem à Vila das Ameixeiras para curar feridas profundas, o que pode explicar os nervos à flor da pele e a crueza de minhas companheiras de peregrinação. Logo que chegou à Nova Aldeola, alguns dias atrás, Angelika deu a entender que algo terrível lhe acontecera e que viera à Vila das Ameixeiras em busca de refúgio. Ela nunca contou qual foi o problema a ninguém aqui. Houve uma ocasião em que a alemã de cabelo bege deu uma leve pista de que sua tristeza se devia a uma desilusão amorosa. Eu tinha a impressão de que, reprimindo os sentimentos, ela estava tornando seu sofrimento cem vezes pior. Nos dias pós-apocalípticos que se seguiram, a tímida alemã não voltou atrás — nunca — para que a tóxica discussão com a brasileira se dissipasse. Em vez disso, encasulou-se ainda mais. Todos nós vimos essa dócil mulher afundar cada vez mais no desespero — aqui, num mosteiro, o último de todos os lugares. Eu me perguntava se Angelika percebia que seu sofrimento aqui não tinha nada que ver com a argumentativa brasileira. Talvez sim. Sempre que olhava nos olhos tristes e vazios de Angelika, eu me sentia terrivelmente impotente. A perdida garota tinha à sua disposição técnicas de todos os tipos, que teriam aliviado sua tristeza. No entanto, parecia concentrar-se exclusivamente no incidente com Rita como se fosse uma barreira a qualquer possível restabelecimento de seu bem-estar.

A reserva de Angelika é tão completa que cada vez que estou perto dela, reflito sobre meus próprios pensamentos e hábitos que inviabilizam a liberdade.

Evidentemente, os hábitos podem nos matar. De meu quarto, ainda ouço os apelos fervorosos de Rita e o silêncio frio de Angelika. Penso agora nas muitas vezes em que eu quis que as condições fossem exatamente as minhas. Quando "não são", tenho vontade de me recolher e fugir.

O desfecho daquela discussão entre duas peregrinas que afinal queriam, ambas, paz e felicidade foi que Angelika fugiu do mosteiro. Fez as malas e foi embora. A mansa alemã de olhos bege pretendia ficar quatro semanas, mas em dois dias se foi. Ninguém conseguiu demovê-la de seu pessimismo. E muitos tentaram. Mas Angelika não aceitava nenhuma tentativa, nem mesmo das monjas compassivas. "Ela está se torturando", pensei.

Desde que cheguei aqui, Thich Nhat Hanh falou muitas vezes desse "comichão" de fugir, pensando que podemos encontrar um meio de evitar pessoas e coisas de que não gostamos e problemas que vivemos. Um dia, Thây deu o exemplo de um homem que se decepcionara tanto com o filho que o renegou. O pai achou que, se banisse o filho da família, todos os seus problemas também desapareceriam. Só que, em vez disso, o pai vive uma vida cheia de angústia, remorso e tristeza.

Algum tempo depois de voltar de minha jornada, li no *Shambhala Sun* um artigo de Roshi Joan Halifax, uma monja budista que estudou vários anos com Thich Nhat Hanh antes de fundar o Upaya Zen Center com Roshi Bernie Glassman. No artigo, Roshi Joan descreveu a mensagem nuclear do centro: *retaguarda forte, dianteira flexível*. E esclareceu: "A *retaguarda forte* é sua capacidade de realmente se defender. A *dianteira flexível* é abrir-se para as coisas como elas são". Em casa, ao refletir sobre esse ensinamento, lembrei-me desse dia na Nova Aldeola, quando duas mulheres feridas lutaram com tanta amargura. Ambas as oponentes, a brasileira e a alemã, pareciam ter retaguarda rígida, em vez de forte, e dianteira também rígida, em vez de flexível e fluida. Nenhuma se dispunha a ceder um centímetro, mesmo estando entre as paredes de um mosteiro budista. Eu poderia apostar que as duas estavam sofrendo muito. A flexibilidade estava lá, é claro. Só que enterrada sob diferenças culturais e armaduras protetoras. Roshi Joan fala de como a compaixão vem quando se nutre a flexibilidade e a suavidade diante de toda forma de vida e se mantém essa posição com força, em especial diante das pessoas de quem você não gosta particularmente.

Abrace toda a vida que o cerca. Não fuja dela.

A alemã delicada, supertímida, desiludida e bege fugiu do mosteiro. Eu gostei muito de Angelika e gostaria de ter encontrado um meio de ajudar a aliviar um pouco de sua negra tristeza. À primeira vista, a brasileira esquentada pareceu sair-se melhor que a alemã: não fez as malas nem foi embora, estava encarando seus demônios de frente, sem fugir. Tenho certeza de que a determinação será um bom prenúncio para Rita, à medida que ela cultivar seu próprio centro e refúgio interior, mesmo que haja mais complicações sob seu tempestuoso exterior.

Logo antes de dormir, lembro-me de algo dito por Thây há alguns dias: "Nós mesmos nos fazemos sofrer. Criamos nosso próprio sofrimento. Somos nosso pior inimigo".

⇜ Dia 13 ⇝

Tranquilidade:
A monja que cantou uma canção de ninar francesa

A terra adormece lentamente
Na noite que cai.
Feche os olhos depressa.
Durma, meu filhinho.
— DE UMA ANTIGA CANÇÃO DE NINAR FRANCESA

É tarde da noite, e estou deitada no chão acarpetado do salão de meditação, na tranquilidade da penumbra, à luz de velas, ao lado de minhas companheiras de peregrinação e de minhas Irmãs da Nova Aldeola. As velas lançam sua luz dourada sobre a perceptiva frase que me serve de conselho quando entro no salão todas as manhãs: *A hora é esta*. Antes de se fechar, meus olhos dão com essa revelação de Thây que, com sua moldura simples, honra a parede de pedra. Uma de minhas monjas favoritas (tenho muitas) está cantando baixinho uma canção francesa que, pela melodia, parece uma cantiga de ninar, mesmo que eu não saiba especificamente se é. A voz da Irmã Ameixa é divina, e a inocência da música me faz pensar em mim quando era criança, com minha mãe. Após mais três refrões, a música sem limites me transporta para outro lugar, para um reino de paz em que minha mãe vive.

A monja cantora pede-me que feche os olhos e aos poucos comece a dormir com a terra. Mais refrões musicais apagam de meus sentidos tudo que está fora de meu corpo, e mergulho bem dentro de mim, onde sou abraçada por lembranças de infância. Sou uma menina e estou tomando um copo de limonada ao sol, vestindo uma túnica de florzinhas azuis feita à mão. Fico absorta na sensação da lembrança. Estou no quintal de uma casa em Ottawa, com minhas pernas bronzeadas e meu projeto de cabelo louro bem curto, livre para ter o dia inteiro só para mim. Sou a menina que era. A exaltação da conscientização acende todo o meu corpo. E então eu flutuo nos sons musicais, e as próprias notas aveludadas transformam minhas lembranças em visões astrais. Minha mãe aparece. Seu rosto delicado e sua força benévola estão comigo. Dentro de meu corpo, a natureza tranquila e resistente de minha mãe desperta.

A Lua brilha.

Tenho 5 anos e estou deitada sob o edredom rosa e branco de minha infância, com o cabelo de lã cor de laranja de minha boneca de pano preferida ao lado de minha cabeça adormecida. Minha mãe veio para a cabeceira de minha cama. Na noite invernal, sua mão cálida repousa suavemente em minha testa.

A Irmã Ameixa canta para que eu durma em paz, ao lado de minha mãe, para que eu crie sonhos e sinta alegria quando surgir a luz da manhã.

Minha mãe está aqui.

Entoados com completa devoção, os mantras produzem milagres. Quando Thây proclamou isso esta semana, eu sabia que era verdade. E agora estou vivenciando a magia.

Todo santo dia, algo me relembra que sou uma parte do todo coletivo que é a Vila das Ameixeiras. E essa Sangha, essa comunhão de indivíduos atentos, gera uma energia coletiva bem mais forte que a de um só indivíduo. Antes de cada meditação, uma monja ou monge nos chama a atenção para a força de todos os que estão reunidos aqui. Os budistas da Vila das Ameixeiras chamam essa "reunião" de corpo da Sangha. Eles nos lembram que cada um de nós é uma célula do corpo da Sangha e nos estimulam a cantar como se fôssemos um só corpo. Thich Nhat Hanh ressalta que um grupo de pessoas que se estabelece no Dharma (os ensinamentos do Buda) tem força para lidar com imensas dificuldades na vida. Thây observou, inclusive, que os ensinamentos de um grupo não precisam ser expressamente os ensinamentos do Buda. O grupo da Sangha só precisa voltar a mente para a compaixão e a bondade.

Sinto a força de toda a comunidade da Nova Aldeola agora, enquanto vibro com os sons transcendentes da Irmã Ameixa. Ela não só revelou a energia de cura de minha mãe, como também nos exaltou a todos. A maravilhosa monja nutriu o corpo de todas as almas aqui reunidas. Ela nos alimentou com seu amor. Essa monja budista cantou com pura devoção e operou milagres. Minha mente elevou-se com a mente de cada corpo. Minhas células vibraram com as células de cada corpo. Meu coração desabrochou com o coração de cada corpo. Sou uma parte dessa coletividade, e seu poder de exaltação é imenso. Todos nós somos células do corpo do Buda. E, mais uma vez, sinto-me fortalecida em minha jornada. Mergulhando em mim mesma, estou refugiando-me em meu eu sábio a cada momento.

O dia foi difícil. A ardente brasileira monopolizou o que deveria ser uma reunião simples e amigável das peregrinas da Nova Aldeola. Rita gastou o tempo para recitar metodicamente uma infinidade de queixas quanto às operações do mosteiro. O primeiro de sua lista: seu quarto não tinha prateleiras suficientes. "Ela não viu o meu, que não tem nenhuma", pensei.

Seu estridente monólogo não tinha fim, mas logo no início, bloqueei a maior parte do que ela dizia. O pior de tudo é que a adorável Irmã que monitorava a reunião ficou lá, sentada, em silêncio absoluto, enquanto a peregrina de voz dura continuava a matraquear queixas, como se o mosteiro tivesse de ser administrado como um hotel cinco estrelas. Ao contrário da graciosa monja, fiquei chocada diante da explosão de exigências da peregrina e espantada com a paciência digna de Jó da Irmã.

Aviso aos navegantes: não venham para um mosteiro budista no frio úmido do inverno da Aquitânia para um retiro sério de meditação esperando encontrar luxo. E, de qualquer modo, a extravagância impede o verdadeiro progresso no caminho espiritual.

Após envolver a todos em mágica serenidade, a voz da Irmã Ameixa gradualmente se dissipa. Torno a conscientizar-me da sala mais uma vez. Ao abrir os olhos, vejo a caligrafia de Thây na parede: *A hora é esta*. Ponho-me de pé. Rita também está de pé no Salão do Buda. Ela tinha se deitado no chão a apenas alguns metros de mim. Seu rosto está radiante, liso como a pétala de um lótus. A monja de voz milagrosa trouxe a todos o mais tranquilo dos estados.

O encantamento da noite brinca em minha cabeça enquanto me preparo para dormir. Como seria maravilhoso, penso agora, se todos nós, de 1 a 91 anos de idade, tivéssemos quem nos cantasse canções de ninar para diluir o estresse de nosso corpo adulto e evocar imagens de nossos entes queridos. Nunca mais pensarei numa canção de ninar como uma coisa só para crianças. E, afinal, a Mary de 5 anos de idade que está em algum lugar dentro de mim quer que cantem para ela. Ajuda a aliviar o sofrimento.

⚯ Dia 14 ⚯

Estabilidade:
O homem que surrupiou
meus fones de ouvido

*Aquele que conquista uma vitória sobre outros homens é forte, mas o que
conquista uma vitória sobre si mesmo é todo-poderoso.*

— LAO-TSE

As palestras de Dharma de Thây geralmente são feitas em vietnamita. Portanto, se não entender a língua, você tem de usar os fones de ouvido que o mosteiro fornece para ouvir a tradução. Hoje há diversas caixas elétricas entre os muitos colchonetes quadrados azul-marinho no chão do Salão do Buda. Essas caixas são usadas para conectar as extensões dos fones de ouvido para ouvir uma tradução em inglês, francês, holandês ou alemão. O procedimento normal é conectar os fios de seu fone de ouvido a uma caixa bem antes de a palestra começar, a fim de garantir um lugar na pequena mesa de som. Às vezes é difícil encontrar um plugue que funcione, e também pode haver problemas com o som e com o equipamento. Faço hoje como sempre e chego quinze minutos antes, encontro um bom lugar no lado da tradução em inglês, conecto os fios e depois coloco os fones de ouvido em cima de meu colchonete. Estou pronta — ou assim penso.

Os exercícios da manhã, uma série de dez posturas móveis chamadas Dez Exercícios de Atenção, criada e liderada por Thây, e os cânticos de abertura já terminaram. O mestre zen está prestes a começar a falar. Ponho os fones de ouvido. Em seguida, há a prova normal de som. Parece que está tudo pronto para começar. Meus fones de ouvido estão funcionando bem: posso ouvir a voz melíflua da Irmã Chan Khong. Ela própria uma mestra reconhecida, esta Irmã, cujo nome aponta para um ensinamento essencial do Buda, Vazio Verdadeiro, conheceu Thich Nhat Hanh em 1959 e foi ordenada por ele em 1988. Uma visão da paz, ela é quem traduzirá hoje as palavras de Thây do vietnamita para o inglês. Porém, à minha direita, as coisas estão bem longe da serenidade. Um burburinho sussurrado se forma. Olho na direção dos sons tensos e abafados e vejo três pessoas ansiosas. O grupo, um homem e duas mulheres, deve ter chegado atrasado. Eles estão freneticamente procurando plugues livres para conectar seus próprios dispositivos na caixa de tradução em inglês. Ofereço-me para ajudar sinalizando para o mais próximo dos atrasados que me passe os cabos de seus três fones de ouvido. Ele faz isso e, com os cabos na mão, tento encontrar plugues na caixa elétrica vizinha. Só que não consigo chegar até ela, então tiro meus fones de ouvido, coloco-os no colchonete e engatinho diante da fila de peregrinos sentados para chegar até a caixa. Acontece que todos os plugues estão em uso, de maneira que não dá para conectar mais nenhum cabo.

Agora, devo lembrar que estou vivendo num mosteiro. Ensinam-se todo dia, o dia inteiro, em cada experiência, que devo ser gentil, compassiva, atenciosa, generosa e solícita. "Solícita: sim, estou tentando ser isso agora." E isso me faz sentir bem — talvez até bem demais. "Pelo menos, eu tentei", penso.

Agarrando os cabos, volto engatinhando da forma mais discreta possível, diante da fila de peregrinos compreensivos, de pernas dobradas, até meu lugar e ponho meus fones de ouvido. Mas, para meu assombro, nenhum som sai deles. Estou sentada em meio a um emaranhado de fios; é impossível ver qual está conectado a que plugue. Perplexa, tento decifrar os bolos de cabos enrolados que cercam minhas pernas. "O que está errado?", eu me pergunto. "Meus fones de ouvido estavam ok; tive o cuidado de conectá-los a uma caixa elétrica que estivesse funcionando."

A sala fica em silêncio. Thây começou a falar. Estou perdendo suas palavras. Mais cinco minutos de silêncio se passam e eu quase me resigno a ouvir a palestra em vietnamita. Então algo me ocorre: "E se algum dos atrasados levou meus fones de ouvido? Será possível?" Penso isso porque o homem que eu tentara ajudar agora está sentado alegremente, com fones nas orelhas, feliz como pinto no lixo. Obviamente, o que ele ouve são palavras em inglês. "Com licença", digo-lhe. "Você pegou meus fones de ouvido?" O "pinto" me lança um olhar vazio, o sorriso já amarelo. Culpado. Repito a pergunta, dessa vez com firmeza. Ele responde casualmente que, de fato, fez isso. Começo a soltar fumaça na hora. "Hum, faça-me o favor de devolvê-los." Quando digo isso, meu companheiro de peregrinação, sem o menor constrangimento, tira-os com displicência, como se nada de anormal tivesse acontecido.

Há algo de estranho em encontrar-se em um local de devoção budista com a cabeça a ponto de explodir.

Enquanto eu engatinhava por cima das pernas dobradas de meus vizinhos silenciosos, tentando encontrar plugues livres para esse homem e suas duas amigas, e enquanto um monge sábio falava de coisas sábias, esse homem trocou meus fones de ouvido pelos dele, desconectados do plugue e mudos. Sim, foi isso o que ele fez. Eu já cheguei a falar que aqui, todos os dias, nos ensinam a ser gentis?

Nos cinco minutos seguintes, fiquei ali sentada, fervendo. Não ouvi nem uma palavra do que Thây disse, mesmo que as palavras que me chegassem aos ouvidos fossem em inglês. Meus loucos pensamentos eram mais ou menos assim: "Como é que esse homem faz uma coisa dessas comigo? Eu tentei ajudá-lo quando ninguém mais se prontificou. E aí ele vai e pega meus fones de ouvido? Que traição! Que cara mais egoísta! E justo aqui, no mais improvável dos lugares, num mosteiro budista". Inúmeras variações dessa diatribe dominavam o espaço de minha mente.

Mas então, algumas palavras ditas por Thây se infiltraram em minha cabeça quente: "Vá para sua inspiração. Vá para sua expiração. Então sua consciência será empurrada para dentro de você, onde você se sente seguro. Sua respiração o alimenta, cura-o. Cuide bem da ilha que é seu eu: ela é bela". E finalmente começo a prestar atenção ao exímio mestre.

"Vá para sua respiração."

Meus olhos se fecham. O compasso de minha respiração é 1, 2, 3, 4, pausa. Mais uma vez 1, 2, 3, 4, pausa. Faço isso uma vez, e mais uma, e mais uma. A conscientização exalta minha respiração e é um farol para minha renovação. O ar que nutre flui, para dentro e para fora, de maneira uniforme, contínua, rítmica e profunda. Minha respiração concentrada me guia até um lugar seguro dentro de mim. E a revolução começa.

"Crie a luz do sol para si. Não saia para buscar beleza e sol. Assim, quando houver uma tempestade lá fora, você saberá como voltar para seu eu. Ponha a paz dentro de você."

A tensão cai como rocha de meus ombros, a rigidez evapora-se de minha coluna, as rugas de minha testa ficam lisas como seda, e camadas de angústia se soltam. Estou respirando com minha respiração.

"Leve consigo sua ilha segura aonde quer que vá."

Meu ressentimento se dissolve. A raiva desaparece. Estou leve.

"No oceano tempestuoso da vida, encontre refúgio em si mesmo."

Eu encontrei.

⁂

São 10 horas da noite, escovei os dentes e agora estou deitada em minha cama. Pego o *Tao Te King*, um livro de antigos ensinamentos sagrados que trouxe comigo do Canadá. Esse manual de meados do século VI a.C., *o modo de vida*, é uma compilação de sabedoria do mestre chinês Lao-Tse. Fecho meus olhos e seguro o livro nas mãos, abrindo-o aleatoriamente numa página. Uma das linhas da estrofe se destaca:

"Se você culpar os outros, sua culpa não terá fim."

Nada como ver seus pensamentos confortáveis serem questionados.

Desde que deixei o mosteiro e voltei para casa, sempre que me sinto de algum modo injustiçada, eu me lembro desse incidente com o homem que surrupiou meus fones de ouvido. E então uma sensação libertadora me invade. E se eu conseguir abrir mão de tudo na vida? E isso inclui até as vezes em que me senti muito contrariada. Como quando roubaram meu iPhone novinho num restaurante, junto com minha bolsa de couro marrom favorita, carteira, identidade e chave de casa. E se eu não culpar o ladrão? Nem sempre é possível prever se um acontecimento trará sorte ou azar.

Stephen Mitchell, um tradutor moderno do *Tao Te King*, conta uma antiga história que destaca nossa incapacidade de prever resultados com precisão. A história é a de um fazendeiro cuja égua premiada foge. Os vizinhos do fazendeiro solidarizam-se com ele pela perda. O fazendeiro reage perguntando: "Como saber se isso representa azar ou sorte?" A égua acaba voltando à fazenda, após cruzar com um cavalo de linhagem ainda melhor, tornando o fazendeiro muito rico. Os vizinhos do fazendeiro tornam a visitá-lo, dessa vez para lhe dar parabéns. No entanto, o fazendeiro apenas pergunta: "Como saber se isso representa sorte ou azar?" Enquanto cavalga a égua, o filho de 18 anos do fazendeiro cai e quebra a perna. Os vizinhos reaparecem para manifestar seu pesar diante da má sorte do fazendeiro, principalmente porque o filho já não poderá ajudar o pai a cuidar da fazenda. O fazendeiro novamente mantém a compostura. Logo depois, rompe uma guerra no país, e todos os jovens são convocados ao serviço militar. Quase 90% deles morrem na batalha. Evidentemente, com a perna quebrada, o filho do fazendeiro é dispensado e não vai para a guerra.

O roubo de meu iPhone naquela noite sombria em um restaurante de Toronto despertou-me para a realidade e fortaleceu minha disciplina. O incidente me fez lembrar que a vida não é um sonho e que eu devo manter os olhos bem abertos e a mente bem concentrada. Aquela noite foi para mim também um amargo lembrete da verdade de que nossos atos têm importância. Preciso observar meus *próprios* atos. Por causa desse roubo, resolvi fazer faxina numa área de minha vida que estava exigindo atenção. O ingrato incidente me fez atentar bastante para minha própria responsabilidade para com a honestidade.

Em *The Heart of the Buddha's Teachings*, Thây reconhece que "Os obstáculos nos mostram nossos pontos fortes e fracos para que possamos conhecer-nos melhor e saber que direção queremos realmente seguir".

Ser alvo de um roubo em nada menos que um local de devoção budista foi um obstáculo que me desafiou a mergulhar fundo na força de minha respiração, que nutre e apazigua, mesmo que a coisa toda cheirasse a sacrilégio. Agora que penso nisso, ter um iPhone é uma espécie de experiência religiosa, e seu roubo parece algo pecaminosamente irreverente. A vitória sobre o eu, no entanto, não importa que tempestade esteja acontecendo lá fora, é uma força que reina suprema.

➣ Dia 15 ➣

Lucidez:
Uma "inimiga" me ajuda a ver a verdade da interdependência

Eu sou ele, como você é ele, como você é eu e nós somos todos juntos.

— OS BEATLES

Estou no salão de meditação traduzindo para o francês os pensamentos de uma peregrina norte-americana para uma Irmã que não fala inglês. Tudo ia às mil maravilhas quando, de repente e de uma maneira muito desagradável, Vanna me acusa de desvirtuar o que ela pensa em minha tradução. Deus sabe como ela poderia pensar isso, já que não entende uma palavra de francês. A princípio, a surpresa me deixa muda. Depois, a raiva preenche esse vazio. É como se eu só estivesse esperando uma boa desculpa para desprezar minha companheira de peregrinação.

Às vezes você conhece pessoas de quem simplesmente não gosta. Elas não precisam sequer abrir a boca porque sua simples presença já basta para incomodá-lo. Viver num mosteiro não muda essa realidade. Nem todo mundo consegue conviver bem.

Conheci Vanna no percurso da estação para o mosteiro, no dia da minha chegada. Ela permaneceu distante. Pode ter olhado uma vez para mim e para a outra mulher na van, mas não disse nem uma palavra durante todo o trajeto de quarenta minutos até a Vila das Ameixeiras, nem mesmo para a simpática monja que estava dirigindo. Evidentemente, nunca se sabe por que alguém está agindo de um determinado modo e sempre se deve ter compaixão diante dos outros. Mas, você sabe, às vezes há pessoas que...

Vanna costuma ter ataques de choro no quarto. É um choro alto, do qual ninguém consegue acalmá-la. Os gemidos parecem um tanto forçados, como se usados para chamar atenção. Mas isso é só minha opinião e é provável que eu esteja errada; sei que estou errada. Porém há uma coisa que simplesmente não consigo entender. Vanna sempre usa um imenso casaco de inverno no salão de meditação e, toda vez que se ela mexe, essa *parka* gigantesca faz um som farfalhante que me irrita e me distrai demais durante a meditação. E fico sozinha com essa irritação, pois ninguém nunca fala nada com ela sobre isso. E, por estranho que pareça, esses probleminhas acabam se tornando importantes quando se tem que ficar muitos dias com muita gente no mesmo ambiente.

E tem mais: nas discussões em grupo sobre os ensinamentos apresentados por Thây, Vanna quase sempre acaba entrando em monólogos verborrágicos e tediosos que giram mais em torno de sua própria vida que do tema sugerido para análise. E eu quase sempre acabo fazendo de tudo para evitar os grupos de que Vanna participa. Que as duas batêssemos de frente era só uma questão de tempo. No mundo real, eu posso dar um jeito de ficar longe de quem não gosto. Mas aqui, não; isso é impossível. Tenho de suportar Vanna. Tenho de meditar, comer, caminhar e participar de discussões com uma pessoa que me dá nos nervos.

E agora, depois da catástrofe da tradução, não suporto nem olhar para Vanna. Penso nas palavras magistrais de Thich Nhat Hanh: "Quando examina em maior profundidade o que há lá fora, você se vê". E depois, eu não só insulto a inocente peregrina, como também me sinto confusa e consternada. "Não há meio de eu ser nem de longe como essa mulher egoísta e indiferente", penso eu.

Muitas vezes escuto as Irmãs falarem de "regar as sementes positivas" das pessoas, querendo dizer simplesmente que devemos agir e falar de um modo que estimule o desabrochar de suas melhores qualidades e sentimentos. Os budistas dizem que nossa consciência tem muitas camadas. Thich Nhat Hanh afirma que uma dessas camadas, a da consciência de armazenamento, é a parte de nossa consciência que recebe e processa informações e depois as preserva em assim chamadas "sementes", ou *bijas*. Todos temos dentro de nós sementes positivas, como atenção, alegria, amor e compaixão, além de sementes negativas como preconceito, raiva, ódio e ganância. Às vezes circunstâncias, outras pessoas ou até nosso histórico de condicionamento ancestral toca essas sementes negativas que há em nós e as faz brotar na consciência de nossa mente, a camada superior em que pensamos e vivenciamos essas sementes brotadas como formações ou energias mentais. Após manifestar-se na consciência da mente, essas energias florescem e nós as sentimos.

De algum modo, eu rego a semente negativa da raiva de Vanna. E alguma coisa no modo de ser dela toca essa mesma emoção destrutiva em mim.

☙ ❧

Antes, esta semana, Thây havia desenhado no quadro-negro um círculo dividido ao meio por uma linha vertical para representar a mente, como continente, e seus conteúdos: *sujeito* e *objeto*. "Eles nascem ao mesmo tempo e coexistem. O que percebe e o que é percebido se manifestam ao mesmo tempo."

Ao voltar de minha peregrinação, me lembrei desse ensinamento enquanto olhava para a vibrante planta-jade que tenho na cozinha. Cada vez que eu olhava para ela, a planta *parecia* ser um objeto existente fora de minha visão consciente dela — até eu me concentrar mais profundamente. Thây me diz que, se achar que algum objeto existe fora de minha consciência, eu cometerei um erro muito básico: estarei sendo vítima de dupla apreensão, uma forma problemática de pensar que contém duas visões erradas. Um erro é pensar que a mente é separada; o outro decorre de julgar que o objeto da mente é separado. Se eu achar, por exemplo, que a planta-jade é algo fora de mim, que nada tem a ver comigo enquanto ser consciente que a vê, estarei errada. "A consciência é sempre consciência de alguma coisa", disse Thây.

Para mim, é bem mais agradável pensar no vínculo entre sujeito e objeto com alguma coisa de que eu goste, como minha planta-jade verdinha, que uma pessoa que não me seja lá muito querida.

"Deus e eu somos um. Se conseguir examinar com mais atenção, você verá que Deus e você não estão separados."

Sim, um monge budista disse isso. Antes, em uma de suas palestras desta semana, Thây explicou essa união entre sujeitos e objetos: "Geralmente, a visão das pessoas é a de que existe um *criador* e uma *criatura*. Mas a verdade é que a *criatura* contém o *criador*, a *filha* contém a *mãe*. Achamos que a mãe nasce antes da filha." A princípio, achei que Thây estava simplesmente nos ensinando a mudar nosso construto do tempo como linear, com o qual me sentia bem à vontade. Mas então ele disse esta coisa bonita: "A mãe só se torna uma mãe quando o filho nasce". E isso, naturalmente, não poderia ter mais sentido e é uma verdade absoluta. Visto dessa maneira, sem dúvida, mãe e filho nascem ao mesmo tempo. Agora eu só preciso aplicar esse modo de pensar a todos os sujeitos e objetos.

Thây escreveu o seguinte no quadro-negro:

(1) TRANSMISSOR = (2) OBJETO DA TRANSMISSÃO = (3) RECEPTOR = VAZIO DA TRANSMISSÃO.

Essas são as três fases da transmissão. O sujeito e o objeto *inter-são*: eles coexistem. O primeiro ajuda a trazer o segundo à vida, mas eles se manifestam simultaneamente, precisam um do outro para existir. Além disso, não têm um eu independente, à parte.

Portanto, se não conseguir ser civilizada com Vanna, a norte-americana que criticou minha tradução para o francês, não conseguirei me valorizar de verdade. Se achar que eu, o sujeito, realmente estou separada de Vanna, o objeto de minha visão e a pessoa com quem estou tendo esta experiência, então estarei errada. Seu modo de ser depende do meu, precisamos uma da outra. Isso vai muito além da realidade de termos aparências singulares no mundo. Se eu achar que nós existimos independentemente uma da outra e não somos feitas dos mesmos elementos do mundo, estarei erradíssima. Estarei discriminando ativamente um ser humano igual a mim. Não estarei aceitando a verdade de que eu coexisto com Vanna. Estarei presa em minha visão única, uma perspectiva que é errônea e estreita.

A verdade é que minha companheira de condição humana e eu somos feitas exatamente dos mesmos elementos universais. E nos manifestamos simultaneamente. Ambas somos vazias de um eu à parte, mas cheias do universo como um todo. O vazio é uma ferramenta valiosíssima usada pelos budistas para investigar mais aprofundadamente a verdadeira natureza das coisas. Se eu puder entender que todo o cosmo se juntou para criar

Vanna, eu, você, minha planta-jade verdejante, os tordos marrom-claros do interior da França e tudo mais aqui na terra, estarei em contato com os ensinamentos do Buda. Se eu puder cuidar de minha semente negativa da raiva estimulando minha semente positiva da atenção para reconhecer e abraçar essa destrutiva formação mental, essa raiva se tornará mais fraca. Combater ou suprimir essa energia depois que ela se manifesta não me fará bem nenhum. A atenção tem o poder de impelir-me para além da negatividade. E, com a prática, talvez essas sementes negativas surjam com menos frequência. Thây chama isso de ter "habilidade" com as emoções: "Você não precisa morrer por causa de uma emoção". Talvez eu pudesse até encontrar um meio de regar as sementes positivas de Vanna, em vez das negativas. Isso seria uma grande coisa.

Como as revelações budistas, os ensinamentos yogues aconselham-nos a reconhecer que a *outra pessoa* é *você*.

Thây frisa regularmente que cultivar a lucidez da mente e abraçar a verdade de que todos nós estamos profundamente interconectados são essenciais à nossa felicidade e bem-estar. Quando estamos confusos, nós sofremos muito. A mente lúcida é essencial ao desenvolvimento de um valioso refúgio interior. Todos nós temos o benefício de uma mente límpida e imaculada como um tanque de lótus azuis.

Lembro-me de uma previsão de John Oro, cientista da NASA: "Quando as pessoas virem a Terra de fora, algo estranho e revolucionário vai acontecer: elas vão alterar seu modo de pensar". Penso nas fotos da Terra e em seus magníficos remoinhos azuis vistos da Lua. Este planeta em que estamos neste universo vasto e negro. Estamos todos flutuando juntos no espaço em um minúsculo globo. Somos todos interdependentes e interconectados. Deveríamos confiar na visão do astronauta. Os Beatles também entenderam isso.

☙ Dia 16 ☙

Fé:
Começando outra vez

A fé é a capacidade de não entrar em pânico.

— ANÔNIMO

As meditações da noite acabaram agora. Três Irmãs silenciosas caminham de olhos baixos pelo corredor central do salão de meditação. A meio caminho, elas param, juntam as mãos em postura de oração e baixam a cabeça em reverência, primeiro diante da radiante estátua do Buda e depois, das Irmãs e peregrinas aqui reunidas. Uma das três começa a falar: "Somos muito gratas por ter a sorte de viver aqui na Vila das Ameixeiras com o amor e o apoio do Buda, do Dharma e da Sangha". Com sua proclamação, essa Irmã está buscando refúgio nas Três Joias, uma prática fundamental no Budismo que ajuda as pessoas a se sentirem seguras. Ela reconhece que o Buda lhe mostra o caminho na vida, e esse *caminho*, ou Dharma, é o da compreensão e do amor. A Sangha de que ela fala é a comunidade de Irmãs com quem convive em harmonia e atenção.

A Irmã continua a falar: "Gostaríamos de dizer quanto lamentamos nossa momentânea falta de atenção ontem, que causou problemas em nossa comunidade. Prometemos renovar nossa atenção".

A porta-voz das três apenas está seguindo um ritual normal na Vila das Ameixeiras, o qual se chama "Começar outra vez", uma prática de reconciliação que pode ocorrer entre duas pessoas ou ser feita em grupo. A prática se divide em quatro etapas: compartilhar o reconhecimento, compartilhar o arrependimento, expressar a mágoa e compartilhar as dificuldades. A ideia é que, com a expressão verbal de atos, cometidos intencionalmente ou não, contra uma pessoa ou a comunidade que nos provocam arrependimento podemos evitar novos mal-entendidos e cultivar a atenção e o reconhecimento para com essa pessoa ou a comunidade.

Essa contrita Irmã fez um pedido especial para praticar "Começar outra vez" esta noite, mas essas cerimônias, de que participa toda a comunidade da Nova Aldeola, acontecem regularmente. Até agora, durante minha estada, ocorreram duas dessas sessões terapêuticas. Todas as Irmãs e peregrinas reuniram-se em um dos salões, sentaram-se em silêncio e em círculo e, uma por uma, se confessaram.

Há mais ou menos uma semana, durante minha primeira experiência dessa cerimônia de cura, observei calada diversas Irmãs e peregrinas pegarem um pequeno vaso de tulipas amarelas, ajoelharem-se para a confissão, colocarem o vaso diante dos joelhos e anunciarem algum arrependimento. Uma Irmã mais idosa falara de seu profundo amor pela Sangha e manifestara seu remorso por já não ser fisicamente robusta o bastante para ajudar mais no trabalho necessário à manutenção do mosteiro. Disse que reconhecia quanto todas as Irmãs trabalhavam e, por fim, que tinha dificuldade em aceitar aquela realidade.

O aspecto comunal dessa confissão compartilhada parecia muito mais divertido do que as confissões de meu colégio católico jamais tinham sido naqueles pequenos confessionários, com algum padre anônimo escondido no escuro do outro lado de uma treliça. Após ouvir mais algumas dessas confissões em estilo budista, lembrei-me de que, há alguns dias, descuidadamente eu me esquecera de meditar no trabalho de recolher folhas secas. Achei que agora seria um bom momento para confessar isso. Portanto, na pausa seguinte, seguindo o ritual como todas as demais, entrei no círculo, peguei o vaso de tulipas e disse: "Sou grata pela grande gentileza e generosidade de todas as Irmãs". No momento seguinte, assim que disse "Elas abrem os braços para todos os visitantes", comecei a chorar um choro do tipo que acaba ficando entrecortado por causa da tentativa simultânea de falar.

A sensação de alívio ao declarar meu pecadilho foi imediata. E essa pode ter sido a razão de minhas lágrimas. Mas, acima de tudo, o ritual propiciou uma estrutura valiosa a meus pensamentos. Agradecendo em voz alta, eu percebi a natureza generosa das Irmãs da Nova Aldeola. Se aqueles pensamentos tivessem ficado só na minha cabeça, sem nunca ser devidamente expressos verbalmente, seu significado maior teria se perdido para mim. Naquela noite, pela primeira vez em minha peregrinação, eu identifiquei a força da Sangha. A partir daquele dia, eu me conscientizei da fonte que estava por trás de minhas sensações de exaltação. Essencialmente, o grupo estava funcionando para meu espírito como uma espécie de empilhadeira. A comunidade da Vila das Ameixeiras estava respaldando minha jornada para construir uma força interior inabalável e duradoura. A companhia dessas pessoas voltadas para a vivacidade do espírito e da verdade estava me libertando da dor da perda de meus pais amorosos e reforçando minha decisão de tentar entender como navegar melhor pelas águas turbulentas da vida. Reconhecer que eu era parte desse todo maior, uma célula do corpo do Buda, aliviava minha sensação de solidão, pois a energia dessa comunidade é altíssima.

Lembrar que, às vezes, todos nós passamos por dificuldades alivia o sofrimento pessoal. A banda R.E.M. entendeu isso quando cantou: "Todo mundo sofre às vezes".

É fundamental que nos cerquemos de pessoas que realmente se importem conosco. Temos pessoas na vida que não nos dão apoio. Thich Nhat Hanh frisa que devemos passar nosso precioso tempo com gente compassiva, interessada e afetuosa. Do contrário, não estaremos felizes. Eu acredito nele.

Certos dias, o poder de amplificação da Sangha parece imenso, como naquele em que a Irmã Ameixa cantou a bela canção de ninar. Em outros, o dinamismo sem dúvida está lá, só que com um peso menor, como um cobertor macio sobre um corpo agradecido.

Os frutos da ação individual e coletiva estão interconectados.

Todos os nossos atos estão ligados por uma relação de interdependência. Thây muitas vezes menciona as ações, ou *karma coletivo*, dos que vivem no mosteiro. A coletividade simplesmente se compõe da reunião de todos os indivíduos e, por isso, é importante reconhecer que as ações do indivíduo dentro da coletividade certamente a afetam.

Em muitos dos sutras do Buda, há histórias em que o Buda conversa com "os que duvidavam". Afinal, ele era apenas um dos diversos mestres espirituais da Índia naquela época. Mas o importante é que o Buda não tentou convencer ninguém de que seu método de libertação era o único caminho verdadeiro. No livro *Joyful Wisdom*, Yongey Mingyur Rinpoche resume o que a visão do Buda seria em termos modernos: "Foi exatamente isso que eu fiz, e isso é o que eu reconheci. Não acreditem em nada do que digo só porque estou dizendo. Experimentem-no vocês mesmos".

Como Yongey Mingyur, Thich Nhat Hanh aconselha-nos a testar nós mesmos a eficácia dos ensinamentos do Buda. Ele nos aconselha a buscar provas de que nossa meditação e nossos estudos estejam criando uma mudança positiva dentro de nós e a não tomar com fé cega nenhum ensinamento. É necessário investigar pessoalmente os ensinamentos. Isso faz muito sentido para mim.

A palavra *fé* passou a ser associada a uma definição: crença que não se baseia em prova. Outro sentido é apenas o seguinte: confiança em uma pessoa ou coisa. Isso não implica que não tenhamos investigado essa pessoa ou coisa para ter essa fé. Durante minha peregrinação, eu investigo regularmente a fé.

Hoje mesmo, enquanto colhia folhas de alface, concluí que essas folhas, naturalmente, provinham de sementes de alface. Dessas sementes não nascem batatas. Mas, se alguém me dissesse isso, eu acreditaria cegamente nessa pessoa? Não. Thây me ensinou a observar e investigar, por mim mesma, a gênese de tudo. Com os ensinamentos espirituais, é a mesma coisa. Seguindo o sábio conselho de um mestre zen, investigo por conta própria o que está sendo apresentado aqui e verifico se funciona.

Todas as Irmãs que estão hoje à noite no salão de meditação demonstram fé. Elas confiam em que a vida monástica, imersa nos ensinamentos do Buda, seja um caminho para o despertar. A fé que essas monjas têm nas práticas espirituais, na cerimônia do "Começar outra vez" esta noite e em todos os diversos rituais da Vila das Ameixeiras, demonstra confiança, em vez de aceitação cega. Com seu trabalho diário, as Irmãs da Nova Aldeola experimentam ativamente: elas testam esses ensinamentos específicos e, assim, veem por si mesmas se o conselho do Buda funciona. Isso, para mim, é a definição da fé.

Agora, após a reverência final que sinaliza a conclusão da cerimônia do "Começar outra vez", todos já saíram do salão de meditação. A Irmã contrita e delicada que atuara como porta-voz é uma das monjas cuja companhia mais me agrada e, assim, quando o salão se esvaziou, fui até onde ela estava. A razão de seu *mea-culpa* me deixou curiosa. Geralmente as pessoas são bem específicas nessas cerimônias, mas não foi o caso dessa Irmã hoje. Pergunto-lhe o que houve ontem que lhe causou tanto arrependimento. As três estavam indo de carro para a vila, só que uma delas não estava usando o cinto de segurança. Acontece que a polícia francesa percebeu e parou o carro. Duas das Irmãs que estavam no carro eram de origem vietnamita, e a polícia solicitou-lhes documentos de imigração, coisa que uma das Irmãs não tinha. Isso gerou complicações para toda a comunidade da Vila das Ameixeiras.

Tudo está interligado.

É maravilhoso que nos lembrem que a fé cega é desaconselhável. E é maravilhoso garantir que essa preguiça não se imiscua em minha mente. Estou gostando dessa investigação. Ela me dá fé, e a fé me faz sentir forte, como se eu fosse meu verdadeiro Lar.

~ Dia 17 ~

Gentileza:
A mulher que me fez sopa

Quando era jovem, eu admirava as pessoas inteligentes;
à medida que envelheço, admiro as pessoas gentis.
— ABRAHAM JOSHUA HESCHEL

"*B*onjour, mademoiselle, ça va?*" Estou passeando pelo mercado de um vilarejo próximo ao mosteiro, olhando as beterrabas roxas, quando uma moradora da região me pergunta como vou.

"*Oui, merci, ça va*", respondo que vou bem. E assim começa um dia adorável, com uma mulher adorável, num vilarejo adorável. Brigette põe duas abobrinhas verde-escuras na sacola e promete pagar ao fazendeiro na próxima vez: que maravilha os vilarejos, você pode levar agora e pagar depois. Quando me dou conta, fui adotada como um gato perdido e faminto.

Simpática, Brigette insiste em que eu vá almoçar em sua casa. Sem esperar que eu responda, ela me conduz até seu Citroën azul-metálico, abre a porta e pede desculpas pelo livro — *Babar, o elefante* — no banco da frente. Agora estamos no carro, a caminho da casa de Brigette, no alto de uma das muitas colinas das redondezas. Quando chegamos, ela me convida a entrar num pitoresco chalé de madeira e a sentar-me à mesa da cozinha. Brigette começa a lavar e cortar uma abobrinha. Num piscar de olhos, a francesa prepara uma sopa que parece deliciosa e põe uma cumbuca na minha frente. Entre colheradas de creme verde-escuro e nacos de pão crocante — aquela obra-prima dos franceses —, conversamos sobre as práticas budistas e a Vila das Ameixeiras. Quando falo de meus ombros sempre doloridos, Brigette prontamente se oferece para me fazer uma massagem terapêutica, já que tem treinamento nessa área. Quando me dou conta, estou num daqueles raros momentos em que nos sentimos absolutamente alheios a nós mesmos. Estou nua na mesa (okay, um fino lençol me cobre o corpo) de um chalé no interior da França, e em minhas costas estão as mãos de uma mulher que conheço há exatamente uma hora. Tecnicamente, a massagem não é lá essas coisas, e Brigette não para de falar em seu francês rápido todo o tempo em que procuro relaxar, mas isso não vem ao caso, de modo algum. Essa estranha excepcionalmente cordial me brindou com seu afeto e atenção. E isso, por si só, derrete o gelo de meus ombros. Após o tratamento, Brigette insiste em levar-me de carro ao mosteiro, poupando-me da caminhada de uma hora e meia. E me empresta um suéter superquente quando lhe conto que, por burrice, não trouxe do Canadá roupas apropriadas em quantidade suficiente.

"Certo", penso eu. "Quantas vezes já convidei um estranho para ir à minha casa, preparei sopa para ele, lhe emprestei roupas e o levei para cima e para baixo de carro? Ah, sim, e ainda por cima, sumi com a tensão que essa pessoa sentia nas costas? Hum, deixe-me ver... Nenhuma."

"Nunca deixe que ninguém se despeça de você sem sair melhor e mais feliz. Seja a expressão viva da gentileza de Deus: gentileza no rosto, gentileza nos olhos, gentileza no sorriso."

Brigette parece ter saído de uma página de Madre Teresa. Embora ela não saiba disto, a mulher que me fez sopa agiu como suplente de minha mãe ausente. Graças a Deus, as mães substitutas existem.

Convivendo com as monjas da Vila das Ameixeiras, vejo muita benevolência e generosidade de espírito. As Irmãs põem os visitantes antes de si mesmas. E não é que isso seja uma coisa fácil para elas. É uma tarefa dificílima manter um mosteiro gigantesco, dividido em quatro aldeolas, funcionando bem. No entanto, muitas das monjas sorriem e acenam, convidando as pessoas a passar-lhes na frente na fila das refeições, por exemplo. Vi uma das Irmãs sofrer com uma forte gripe durante algum tempo. Apesar disso, vi também que ela continuava a acordar ao nascer do sol e a cumprir suas duras tarefas na residência sem uma queixa sequer. Talvez a força de sua Irmandade seja a razão dessa capacidade. Thây já ressaltou mais de uma vez a importância de vivermos num ambiente afetuoso, compassivo; de convivermos com pessoas gentis e interessadas para podermos desabrochar. E realmente estou começando a assimilar isso. Aqueles que realmente o apoiam com todo o seu ser são joias preciosas. Essas gemas se alegram por sua felicidade, e sua autenticidade o mantém forte física e mentalmente.

Brigette me deixa na porta da frente da Nova Aldeola. Seu suéter de lã grossa me aquece os ombros quando lhe digo "adeus" em francês. Entro no refeitório pela porta da frente e encontro minha amiga Hannah, uma holandesa agradabilíssima, de uma cortesia quase excessiva. Hannah emprestou suas garrafas térmicas para chá a Rita, a brasileira de pavio curto, pois esta reclamava diariamente de uma doença que parece nunca se manifestar. Rita já está com as garrafas térmicas de Hannah há mais de uma semana e ainda não ficou doente. Só que agora Hannah *está* doente. E precisa pegar suas térmicas de volta para poder ter à mão chá de gengibre quente para sua garganta inflamada. Eis o que acontece no aparador do chá antes do jantar: Rita vê que Hannah está gripada, mas não se prontifica a devolver-lhe as garrafas térmicas. Digo a Rita que a holandesa está doente e precisa de suas térmicas. A brasileira me lança um olhar vazio. Rita aparentemente não consegue se separar das térmicas de Hannah, mas acaba dizendo que arrumará alguém que compre outras quando for à vila. Isso não vai ser fácil. Estamos na metade do retiro monástico de inverno, e as monjas precisam de permissão especial para sair para fazer compras e, nesse caso, só para coisas de extrema necessidade. Depois de perguntar a várias Irmãs, Rita não encontra ninguém que possa ir à vila comprar-lhe garrafas térmicas, então ela simplesmente fica com as de Hannah. E o que é pior: Rita não está doente. Hannah está. Rita não devolve as garrafas térmicas que, para começo de conversa, são de Hannah. Hannah é muito mais elegante do que eu jamais poderia ser nas mesmas circunstâncias. Tenho a estranha sensação de fazer parte de um grupo de adolescentes, brigando por mesquinharias numa colônia de férias.

Soa um gongo, três adolescentes se dispersam, e a insatisfação paira no ar. Esta noite, o silêncio da fila para o jantar só serve para expor a insatisfação entre as paredes do mosteiro. Olho em torno. A monja bonita está ao lado da lareira com ar cansado e triste; uma Irmã mais velha parece sentir algum desconforto físico, pois treme e transfere o peso do corpo de um pé para o outro; Hannah, doente, está sem sua garrafa de chá e várias outras almas igualmente aflitas caminham de um lado para o outro. Todos nós estamos absortos em nossos próprios pensamentos, só que eles às vezes são fáceis de ler nos rostos transparentes. Olho para uma companheira de peregrinação. Ela é a única pessoa que está sorrindo, e sorri como uma criança. Percebo que ela está animada com a refeição de hoje. Deve ser algo que ela aprecia, pois já a vi franzir o cenho na fila do jantar. Observo a animação da peregrina crescer, a ponto mesmo de fazê-la parecer deliciada diante do jantar apetitoso. Essa mesma mulher fugiu de outra aldeola para livrar-se da companheira de quarto. "Em geral, nossa felicidade está tão diretamente relacionada às nossas circunstâncias", penso eu. Minha companheira de peregrinação é apenas uma na turma de insatisfeitos daqui. Quando as coisas correm do jeito que queremos, ficamos muito contentes, é claro. Mas e se não correrem como desejamos? Lembro-me de uma coisa dita por Thây: "Vocês devem perceber que já têm na vida condições suficientes para a felicidade".

⋅ୠୠ⋅

Logo após voltar de minha peregrinação, li *Giving*, de Bill Clinton. No livro, Clinton fala de modelos de generosidade vindos de pessoas que nunca tiveram oportunidade de ganhar muito dinheiro e só podiam adquirir o básico para viver.

Uma dessas pessoas é Oseola McCarty. Ela doou 150 mil dólares do dinheiro que poupara a duras penas, lavando e passando roupas durante 75 anos, a um fundo para concessão de bolsas de estudo a alunos afroamericanos da University of Southern Mississippi. Enquanto lia o livro e refletia sobre a Sra. McCarty, pensei: "Aposto que ela lavou *mesmo* aquelas roupas, e é por isso que tem essa sabedoria".

Há uma antiga história sobre um famoso mestre zen-budista que mostra a força desencadeada quando estamos profundamente absortos numa tarefa. Esse mestre fora responsável pela construção de cem templos sagrados no Oriente, tarefa difícil e importante. Um aluno lhe disse: "Mestre, seu mérito pela construção desses belos templos onde tantos meditam e oram deve ser imensurável". O mestre respondeu: "O mérito pela construção de cem templos não é nada se comparado ao que terei se lavar este prato direito".

Oseola McCarty *sabia* lavar roupas.

As monjas da Nova Aldeola seguem uma prática budista chamada *Dana Paramita*. Elas me contaram que esse sábio ensinamento amplia sua capacidade de generosidade em todas as condições. Se, por exemplo, uma Irmã estiver zangada com uma de suas companheiras, ela lhe envia um presente. Quando ouvi falar pela primeira vez desse método singular de presentear, tentei imaginar como seria adotá-lo. E não consegui. Mas o Buda disse que, se você conseguir fazer esse gesto gentil de coração, sua raiva se dissipará imediatamente. E não é só isso: você provavelmente receberá uma reação simpática e positiva do destinatário de seu gesto elevado. A ideia é nobre, mas, no mundo real, às vezes não é possível penetrar as carapaças mais endurecidas. Depois de voltar a Toronto, após um aborrecimento com um homem com quem saíra algumas vezes, enviei-lhe uma gérbera alaranjada de talo bem longo para desculpar-me. Além de nunca mais ter notícias dele, não recebi nenhum agradecimento pelo meu gesto. E, convenhamos, é comum uma mulher mandar uma flor para um homem? Porém o Buda está certo: mesmo um ato muito pequeno de benevolência suscita sentimentos de afeto, não importa qual seja a reação.

O Buda sabia que nosso próprio sofrimento se alivia quando ajudamos os outros.

Minha mãe substituta francesa, Brigette, parecia ser uma pessoa muito feliz, apesar da vida difícil que tivera. Mãe solteira, sem dinheiro e longe da família, tinha muitas razões para ser resmungona, só que ela não era.

Era só gentil e generosa. Reflito sobre esta verdade que todos nós intrinsecamente *sabemos*: os atos de gentileza promovem felicidade em quem tem a generosidade de praticá-los.

Resolvo ser mais gentil.

↜ Dia 18 ↝

Humildade, parte 2:
Perdendo um doutorado

*Tenha compaixão, pois cada um que você encontra
está lutando uma grande batalha.*
— IAN MACLAREN

Rita é o tipo de pessoa que gera um certo incômodo à sua volta. Esse incômodo decorre do receio de ela, de repente, explodir com você como fez com Angelika, a alemã ferida. Percebi que as pessoas tendem a manter distância da brasileira irascível.

É hora do almoço, e Rita está sentada sozinha a uma das mesas. Um pouco relutante, aproximo-me e sento-me a seu lado. Ela parece feliz em me ver. Não demora muito para que me fale dos muitos anos de trabalho para sua tese de doutorado. Rita diz que, num determinado momento, a banca examinadora solicitou-lhe que alterasse parte do conteúdo da tese. Estamos aqui sentadas, canecas de chá verde na mão, e Rita continua sua história: "A banca não entendeu meu trabalho. Então decidi não fazer os ajustes". Já posso imaginar o que vem depois. "Apresentei meu trabalho à banca de qualquer maneira, sem as alterações, e resolveram não me dar meu doutorado!", exclamou ela. "Você acredita nisso?" Sim, pensei, acredito que não tenham lhe dado um doutorado. Mas não disse isso em voz alta.

Todas as ações provocam algum tipo de repercussão. Nos ensinamentos budistas há dois tipos de karma. O primeiro tipo tem retorno rápido e às vezes é chamado de "karma instantâneo". Por exemplo, se eu lhe der um murro na cara, você pode me esmurrar na mesma hora, fazendo-me experimentar imediatamente o fruto de minha ação.

O segundo tipo de karma volta algum tempo depois. É com ele que me preocupo mais. No livro *Buddha Mind, Buddha Body*, Thich Nhat Hanh usa um cheque sem fundo para esclarecer como esse tipo de karma se desenrola. Se preenchesse um cheque sem ter dinheiro suficiente na conta, você talvez não sentisse nenhuma repercussão por uma semana. Mas pode ter certeza de que acabaria sofrendo consequências negativas por ter assinado aquele cheque.

Podemos ter uma boa ideia de qual seria o desfecho se o cheque fosse devolvido. Mas não podemos ter 100% de certeza. Procuro me lembrar que é praticamente impossível prever os muitos possíveis desfechos de qualquer das coisas que já pensei, disse ou fiz. E essa incerteza é perigosa. Podemos, sem querer, pôr em risco muitos anos de trabalho árduo e diligente para um doutorado, por exemplo. Também é possível que a força de uma ação aparentemente benigna cresça sozinha e provoque um efeito que supere em muito seu peso original.

Certa vez, ouvi um yogue descrever o karma desta maneira:

Você acha que simplesmente chutou uma pedrinha no alto de uma montanha, mas essa pedrinha pode ir acumulando musgo, poeira e outros detritos enquanto cai e acabar ficando bem grande. Assim, poderia muito bem cair e arrebentar alguma coisa ou alguém ao pé da montanha.

A única condição necessária à primeira ação era tempo. Prever com precisão o que estará na base e quanto tempo a pedrinha vai demorar para rolar montanha abaixo é praticamente impossível.

Todas as causas também são efeitos, e todos os efeitos também são causas. Pode haver várias causas para um efeito, e vários efeitos podem decorrer de uma só causa. Repetindo: presumir saber o desfecho exato de qualquer ação não é possível. É por isso que a atenção plena é sua melhor amiga.

"A energia da atenção contém concentração e percepção. A energia da concentração contém atenção e percepção. A energia da percepção contém atenção e concentração."

Essas três frases de Thich Nhat Hanh têm uma grande força. Empregar um pouco de tempo na atenção poderia muito bem poupá-lo de adotar comportamentos muito infelizes.

A brasileira de cabelo avermelhado foi encher sua caneca mais uma vez, enquanto fico aqui sentada pensando nas revelações interligadas de Thây. Na janela à minha frente, vejo um grande bambuzal no jardim lá fora. Meu foco se concentra nessas belezas. Os caules sagrados devem ter vindo de muito longe, talvez do Japão. São bem antigos, apesar de vivos e frescos. As lanças verde-claras têm alturas variáveis, e sua cor sábia é luminescente. As plantas são imóveis, mas uma brisa revela sua flexibilidade. Imagino suas raízes entrelaçadas bem fundo na terra, essas raízes que conduzem a vida, ocultas aos meus olhos. A água penetra nelas e é sugada para o corpo da planta. O bambu está lá — tranquilo, resoluto, cheio de história e energia.

Minha solitária amiga voltou com outra caneca de chá verde quente. Sou arrancada do bambuzal. Não me sinto à vontade aqui neste momento. Preferia estar novamente ao lado dos bambus. Rita traz consigo um ar pesado e negativo que é um verdadeiro pessimismo, mesmo que eu saiba que ela só quer ser feliz, como todos nós. Não demora muito, e o desespero da peregrina penetra-me na pele até eu me sentir deprimida.

Nos momentos seguintes, eu me dissocio de Rita. Olho pela janela e percebo, no centro do bambuzal, um bambu altivo em meio aos caules que o cercam. "Seja moderada como esse bambu resoluto", aconselho a mim mesma. Avançar com força total, armada de ambição cega, só vai resultar numa grande colisão decepcionante e talvez fatal. Olhando para o bambu, lembro-me do dia em que corri na frente de um ônibus, achando que poderia atravessar a rua em segurança, e quase fui atropelada por um carro que o ultrapassou em alta velocidade. Estou certa de que o motorista daquele carro quase morreu do coração por minha causa. Os erros que decorrem da negligência podem ser fatais. A humildade prudente é uma força perene. E, com essa percepção, sinto-me mais desperta e mais ligada ao meu sábio refúgio interior. A humildade inteligente é bela. A autoconfiança cega, não. E, afinal, tudo se resume mais uma vez à iluminada revelação do Buda: seguir pelo caminho do meio.

❧ Dia 19 ❧

Autenticidade:
Como *não* ser dissimulado

A decência é a ausência de estratégia.

— CHOGYAM TRUNGPA

Exatamente ao meio-dia de hoje começou uma comédia infantil. Estou no gramado ao lado do edifício principal da Nova Aldeola quando algumas cabeças raspadas envoltas em vestes marrons entram em meu campo de visão, caminhando lentamente pela estrada. Perdi o fôlego. Uma companheira de peregrinação está agachada atrás de um portãozinho, sussurrando xingamentos. Helena deveria estar com os demais peregrinos na reunião dos amigos leigos.

Hoje os monges foram ao eremitério de Thây, cujo exato local só os Irmãos e Irmãs da Vila das Ameixeiras conhecem, e isso atiçou a intriga do dia. Hoje, nessa morada misteriosa, os monges e monjas receberão ensinamentos especiais, só para eles, enquanto os peregrinos se reunirão na Aldeola de Baixo, uma segunda residência para monjas, para participar da reunião semanal com os amigos leigos. Eu não gosto desses dias. Eles são estruturados assim: um círculo para as pessoas se conhecerem e se cumprimentarem e diversas atividades ao longo do dia, que podem ser: cantar, almoçar, discutir os ensinamentos de Thây e fazer sessões de yoga. Essa última coisa pode ser a razão de minha aversão. Uma vez, uma companheira de peregrinação liderou uma sessão de "yoga do riso", e a alegria forçada quase me fez chorar. Não me *peça* que ria, me *faça* rir. Alguns dos alunos mais antigos se encarregam desses eventos organizados, a maioria dos quais interessante, agradável até, como o workshop de escrita criativa da semana passada, organizado pelo terra-novense matador de gatos. Mas alguns também são um pouco estranhos, como se fossem hora do recreio para adultos. Prefiro todos os monges, monjas e peregrinos juntos. Em minha cabeça, a presença dos residentes do mosteiro eleva a atmosfera. Para ser sincera, sou uma espécie de esnobe monástica. Minha exaltação dos ascetas só aumentou quando eu soube de sua reunião secreta para ensinamentos budistas enigmáticos. Não gosto de ver esse lado meu. Preferia participar com alegria de qualquer atividade. E, claro, acabo mesmo chegando a percepções valiosas com todos aqui, em qualquer situação.

Devido a meu desagrado por essas reuniões, apresentei à Priora, Abadessa da Nova Aldeola, um pedido para permanecer na residência, longe do dia dos amigos leigos. Aleguei que precisava pôr a escrita em dia. A abadessa generosamente atendeu à minha solicitação. Só que isso foi o que aconteceu em seguida: quando comentei que ficaria na Nova Aldeola, minha vizinha Helena achou que essa seria uma boa ideia também para ela. Só que lhe faltava uma boa desculpa. Então minha parceira no crime oculto resolveu fingir que estava doente.

Logo as monjas chegaram, chamando-nos para embarcar na van e ir para a aldeola vizinha, onde todos os amigos leigos se reuniriam. Do meu quarto, ouvi uma Irmã bater à porta de Helena. Silêncio. Em seguida, ouvi uma certa comoção. Creio que elas perceberam a mentira. Enquanto isso estava acontecendo, sentada no chão de meu quarto, eu fazia anotações em meu diário sentindo pontadas de culpa. Não é nada confortável ver uma monja virtuosa ser enganada, e eu sabia que Helena pegara de mim a ideia de gazetear. Só que, tolamente, eu também me sentia justificada. Tinha permissão, e de ninguém menos que a abadessa. Certamente eu não lhe revelara minha verdadeira razão (que provavelmente também era a de Helena) para querer ficar: não gostar da programação desses dias. Evidentemente, a abadessa não teria atendido à minha solicitação se soubesse disso.

O budista tibetano Chogyam Trungpa teria algo a dizer sobre meu pequeno estratagema...

Decência significa não enganar ninguém. Significa que você nem sequer pretende enganar ninguém. Há um senso de franqueza e simplicidade. [...] A decência é a ausência de estratégia. É de fundamental importância perceber que [nossa] abordagem deve ser [...] simples e direta. Isso a torna muito bela: você nada tem em sua manga e, portanto, deixa transparecer uma sensação de autenticidade. Isso é decência.

Pergunto-me por que esses monges ainda não estão no eremitério. Helena continua escondida atrás do portão e eu estou na frente, para sinalizar quando a área ficar livre. Sorrio para o monge delicado e inocente que vai passando, e minha irritação com Helena aumenta. Sinto-me obrigada a entrar nesse jogo de mentiras em que não tinha o menor interesse.

Eu já disse que o dia foi um desastre? E, por falar nisso, a lama daqui desta área realmente fede muito.

Assim que o último monge some de minha vista, aparecem mais três figuras envoltas em vestes marrons. Constrangida, baixo os olhos das nuvens cinzentas para a grama do chão, onde avisto um rato-do-mato morto. Seu sangue escuro ainda está fresco no dorso marrom, e o rabo forma uma espiral perfeita e inerte em torno de um tufo de grama. O cadáver é ainda mais intimidante porque um dos olhos pretos está aberto e o outro pende de um pedaço de tendão rasgado ou algo que o valha. Pergunto-me se o roedor foi atacado por um gato que passava ou pelo grande cão negro da fazenda vizinha. Um dia, ele me seguiu ameaçadoramente numa longa caminhada morro acima pela plantação de macieiras, onde não se via vivalma. Enquanto a fera ameaçadora me seguia, eu imaginava a matéria do jornal: "Canadense ferozmente atacada por um cão raivoso no interior da França não resiste aos ferimentos e morre no hospital".

O último dos monges finalmente desapareceu assim que o táxi parou na frente da Nova Aldeola. A peregrina que estivera escondida até agora e eu entramos no carro amarelo, por fim a caminho da vila para o almoço. Porém o estresse se junta a nós na viagem. A desonestidade cobra um preço a todo o nosso ser. É muito mais saudável ser direto. A dissimulação é exaustiva. O táxi nos deixa em frente ao restaurante. Ao entrar, vemos um salão cheio de franceses tomando vinho tinto ao meio-dia. Ambas pedimos omelete de cogumelos e *frites* à discreta garçonete que se mostra surpresa quando recusamos taças de bordeaux. Pouco depois, ponho na boca garfadas de ovos cuidadosamente preparados, mas não estou comendo um delicioso omelete de cogumelos. Em vez disso, estou comendo desespero, como diria Thich Nhat Hanh. E o gosto é amargo.

Imagino meus sensatos companheiros de peregrinação lanchando alegremente arroz integral com nozes e molho de missô. A autenticidade dá bom sabor a tudo.

Dia 20

Coragem:
Conhecendo a outra peregrina órfã

Você tem de saltar de precipícios o tempo todo
e construir suas asas enquanto cai.
— ANNIE DILLARD

No dia em que meu irmão ligou para avisar que estava com nosso pai na emergência do Hospital Mount Sinai, eu estava sentada em minha sala prestes a comer um pedaço de bolo de cenoura. Quando me dei conta, estava segurando a mão de um homem confuso vestido numa camisola.

Naquele dia, meu pai havia saído de casa sem rumo, sintoma cada vez mais claro de demência precoce, escorregara e batera a cabeça na calçada. O motorneiro de um bonde chamou a ambulância que levou meu pai ao hospital. E então, lá estávamos nós, diante do desconhecido. Aquele dia seria o início da morte de meu pai, um processo que terminou dez semanas depois.

É preciso um tipo especial de coragem para passar a noite entre as paredes frias e esterilizadas da emergência de um hospital, principalmente se seu estado mental for de confusão. Na noite do acidente de meu pai, nas primeiras horas minha presença foi simplesmente reconfortante. Quando lhe perguntei se queria que eu ficasse com ele aquela noite, ele respondeu apertando minha mão com força. Eu representava uma âncora familiar. E nós dois resistíamos enquanto os minutos se passavam. Lá pela quarta hora, papai foi ficando cada vez mais agitado. Mas, devido ao estado de confusão provocado pelo ferimento na cabeça, ele não conseguia apontar a causa de seu desconforto. E a agitação se intensificava a cada minuto. Sobrecarregados de trabalho, os enfermeiros não percebiam o fato de que a barriga de meu pai estava crescendo como um balão, mesmo quando eu insistia para que tentassem descobrir a causa do sofrimento dele. Eu não via que, por baixo da camisola verde-menta do hospital, o estômago dele estava inchando, nem teria pensado em verificar nada naquela região. Só quando pressionei um enfermeiro a identificar a causa das contorções contínuas e cada vez piores de papai foi que ele pensou em examinar sua barriga.

E então aplicou-lhe um cateter. Acontece que a dor insuportável que meu pai estava sentindo decorria da impossibilidade de urinar, e sua bexiga estava transbordando. Aquela noite foi o prelúdio das 69 desconcertantes noites subsequentes para meu bravo pai, só raramente intercaladas de momentos de lucidez, até a manhã de sua morte.

♠♥♦♣

Estou sentada no refeitório quando uma suave presença flutua para dentro do salão. A nova peregrina traz consigo um violino. Taka é de origem asiática, e a primeira coisa que noto é o delicado ar de melancolia que a cerca. Ela me atrai de imediato, e pergunto-lhe se aceita uma caneca de chá quente. Taka viajara pela Europa fazendo concertos em óperas e teatros como solista convidada, e viera à Vila das Ameixeiras para um retiro entre compromissos musicais.

Eu já estava acostumada às amizades rápidas que se desenvolvem quando se vive em uma comunidade. Todos vêm a este santuário buscando refúgio de alguma coisa. As conversas banais são inúteis. É por essa razão que dez minutos depois de conhecer Taka, descubro que ela também perdeu ambos os pais — a mãe, bem recentemente. Ao contrário de mim, que tenho dois irmãos, Taka não tem irmãos nem parentes próximos. Na verdade, ela me conta que sabe apenas de alguns parentes distantes. Taka parece ter apenas uns 30 e poucos anos. É jovem demais para ficar sem ninguém no mundo.

Às vezes, quando olho para os muitos rostos diferentes que aqui se encontram, eu me pergunto quais as batalhas pessoais que estão por trás de suas expressões, pois a carnificina certamente está lá. Um monge altíssimo e magérrimo, de nariz grande e adunco e ar taciturno foi quem moderou a discussão de Dharma para as peregrinas da Nova Aldeola hoje mais cedo. Durante a discussão, uma peregrina disse estar se sentindo deprimida, e o pálido monge retrucou: "Às vezes, a aflição mental é tanta que devemos apenas ficar imóveis por várias horas, só para poder funcionar nos níveis mais básicos".

A coragem exigida para abraçar a dor do passado ou o sofrimento desconhecido do futuro com dignidade, atenção plena e aceitação não é pouca. Foi isso que demonstrou a delicada violinista, Taka, ao aventurar--se em um mosteiro. Também é o que almejava o angustiado monge de nariz adunco de passado misterioso ao se tornar monástico. E foi o que meu pai suportou naquela primeira noite no hospital e em cada noite seguinte até sua morte. No entanto, muitos de nós não vivemos no momento com

coragem. Como disse certa vez o aclamado jornalista e autor teatral norte-
-americano Fulton Oursler, "Muitos de nós nos crucificamos entre dois
ladrões: o arrependimento pelo passado e o medo do futuro".

O budista tibetano Chogyam Trungpa reconheceu que existem pessoas
dotadas de um tipo especial de coragem que é intrinsecamente inteligente,
delicado e destemido. Ele chamou aquele que personifica essas qualidades
de guerreiro espiritual. "Os guerreiros espirituais podem sentir-se ame-
drontados. Mas, mesmo assim, são corajosos o bastante para provar do
sofrimento, para relacionar-se claramente com seu medo fundamental e
para extrair, sem evasivas, das dificuldades as lições."

Taka é uma guerreira espiritual.

Se não tivéssemos que enfrentar o medo, jamais teríamos a oportunidade de descobrir nossa coragem nem as gemas milagrosas inerentes
a essa bravura. O poeta Rainer Maria Rilke disse: "Nossos medos mais
profundos são como dragões que guardam nosso tesouro mais profundo".
Penso nisso agora, enquanto estou aqui com Taka. Imagino como sua vida
solitária contribui para seu raro dom musical, esse dom que imediatamente
me trará lágrimas aos olhos amanhã, quando ela tocar uma peça de Bach
cheia de exímias notas menores e de tristeza. E penso no monge de nariz
adunco, o ferido que caminha, e me pergunto se os medos que penetram
sua aura e o cercam como uma névoa eterna de pessimismo não ocultam
uma joia brilhante que será descoberta quando ele olhar corajosamente nos
olhos desses dragões. Pelo amor de Deus, será que é simplesmente um ato
de coragem, por si só, renunciar a posses, apegos, desejos carnais, *jeans*
favoritos, seu próprio dinheiro e raspar a cabeça, sendo mulher? Bem, não
é tão fácil assim. Eu poderei voltar a meus banhos quentes com aroma
de lavanda, mas aqui no mosteiro não se vê uma só banheira. Uma coisa
é centrar-se numa força que dure um período de quarenta dias, como eu

estou tentando fazer; viver exatamente no meio de um país que produz vinhos de categoria internacional e nunca poder levar uma gota de bordeaux à boca é outra coisa totalmente diferente. Essa é a disciplina de um monge da Vila das Ameixeiras.

Entre as instruções da meditação desta manhã, pediram-me que compreendesse o vínculo entre minha respiração e minha vida. Inspirando, sei que estou viva. Thây apontou um problema que muitos de nós temos: quando inspiramos, não *sabemos* que estamos respirando, o que implica que não estamos sendo atentos. É uma espécie de sonambular pela vida.

Taka põe a caneca na mesa quando termina de contar-me a história da morte da mãe. Sua mãe morreu de câncer. O rosto da peregrina irradia uma dor digna. Ela não está sonambulando por essa experiência. Taka sabe que está respirando. Ela *sabe* que a respiração da mãe cessou. Taka tem uma presença profunda que é rica em coragem. Sua percepção se expandirá no mosteiro, tenho certeza.

Às vezes, somos empurrados de precipícios e obrigados a construir asas enquanto caímos. Não temos outra opção. Taka está *buscando refúgio*. Ela está encarando seu sofrimento com olhos sábios. Taka está "fazendo bom uso de seu sofrimento", como diz Thây com espírito prático. Pressinto que minha companheira de peregrinação está construindo um glorioso par de asas que lhe permitirá voar bem alto.

✑ Dia 21 ✑

Impermanência: Como ser com tudo enquanto tudo muda

Aquele que se prende a uma alegria
A alada vida destrói,
Mas aquele que beija a alegria em pleno voo
Vive na aurora da eternidade.
— WILLIAM BLAKE, "ETERNIDADE"

Estou sentada no chão do Salão do Buda com Taka e seu violino. Apesar da grande melancolia de minha nova amiga, sua fragilidade deixa entrever tamanha honestidade que eu desfruto plenamente da companhia da peregrina musicista, mesmo que sua tristeza respingue em mim.

Há momentos de beleza sagrada na vida de uma pessoa. Estou prestes a viver um desses momentos agora. Minha melancólica amiga tira cuidadosamente o violino de seu estojo protetor e o põe a seu lado, no chão. A maneira reverente com que ela manuseia o instrumento revela sua habilidade musical antes mesmo de ela tocar a primeira nota. Lentamente Taka se levanta, põe a peça de madeira no ombro e a acomoda sob o queixo. Seu longo cabelo negro emoldura tanto os olhos voltados para baixo quanto o delicado violino. Não vejo mais nada do que está no salão. Taka ainda não tocou uma nota, mas só a visão que tenho diante de mim traz-me lágrimas aos olhos. E então acontece. Taka balança com os acordes em tom menor que tocam o ar num instante e desaparecem em seguida. Meus olhos úmidos multiplicam sua tristeza encantadora a cada nota virtuosística. Taka está me ensinando a verdade da impermanência com sua magistral interpretação de Bach.

O que é nossa vida senão esta dança de formas transitórias? Tudo não está sempre mudando: as folhas das árvores, [...] as estações, o clima, a hora do dia? [...] E nós? Não é verdade que tudo que fizemos no passado parece um sonho agora? Os amigos com quem crescemos, [...] os pontos de vista e opiniões que adotamos um dia com fervor ingênuo. Nós deixamos tudo isso para trás.

SOGYAL RINPOCHE,
THE TIBETAN BOOK OF LIVING AND DYING

As notas musicais se formam e desaparecem instantaneamente neste edifício em que os monges meditam, criando em mim uma lembrança ao desaparecer. As palavras que você lê agora nesta página, no instante seguinte serão apenas uma lembrança sua.

As células de nosso corpo estão morrendo. [...] A expressão de nosso rosto está sempre mudando. [...] O que chamamos de nosso caráter essencial é apenas um *continuum*, momento a momento, da percepção, nada mais.

SOGYAL RINPOCHE,
THE TIBETAN BOOK OF LIVING AND DYING

Hoje sinto uma alegria melancólica quando os acordes em tom menor de Bach penetram minha pele; amanhã, posso sentir o contrário. E, então, para onde irá essa sensação doce e triste?

Somos impermanentes, as influências são impermanentes, e não há nada sólido ou duradouro que possamos apontar em qualquer lugar.

SOGYAL RINPOCHE,
THE TIBETAN BOOK OF LIVING AND DYING

A nota final a que Taka dá vida vibra longamente, deixando seu eco ressonante em meus ossos. A melancólica violinista conclui uma peça que já deve ter tocado centenas de vezes, um poema musical que faz parte dela e, agora, de mim. Com reverência, Taka devolve o violino a seu estojo, sempre a musicista devotada, e saímos do salão juntas como irmãs. Na experiência artística que compartilhamos aqui e na morte, nós entendemos uma à outra. Na caminhada de volta à residência da Nova Aldeola, não falamos diretamente da morte. Nossa afinidade se baseia num conhecimento tácito.

Não haveria a menor chance de conhecermos a morte se ela acontecesse apenas uma vez. Porém, felizmente, a vida nada mais é que uma contínua dança de nascimento e morte, uma dança de mudança.

SOGYAL RINPOCHE,
THE TIBETAN BOOK OF LIVING AND DYING

Enquanto meu pai estava morrendo, eu estava lendo *The Tibetan Book of Living and Dying*. Há um exercício naquela bíblia de sabedoria que me ajudou a aceitar a verdade de que tudo muda. Seguindo a orientação do autor, Sogyal Rinpoche, num momento particularmente desesperador, peguei uma moeda e a segurei na mão, com força, virando a palma para baixo. Depois imaginei que a moeda representava a ideia à qual eu estava me agarrando: o desejo de que meu pai não morresse. Vi que, se abrisse a mão ou diminuísse a força com que a fechava, perderia a moeda, que era aquilo a que eu me agarrava. E é por isso que eu me agarrava a ela. Eu queria ver meu pai vivo e com saúde. Mas havia outra possibilidade: eu poderia abrir a mão e, mesmo assim, ficar com a moeda se a virasse para cima, na direção do céu. Com a palma voltada para cima, abri a mão, e a moeda continuava lá. Eu tinha renunciado. E a moeda continuou sendo minha, mesmo com todo o espaço que a cercava. Eu poderia continuar desejando que meu pai vivesse sem lutar contra a realidade de que ele estava morrendo.

Há um meio de aceitar a natureza impermanente da vida e, mesmo assim, continuar apreciando e respeitando a vida sem agarrar-me a ela.

ஐௐ ௐஐ

Voltei para minha caverna e estou sentada à beira da minha cama monástica, refletindo sobre a morte. Desde que me entendo por gente, sinto fascínio pela morte. Não que eu não a tema, mas minha vida transcorreu de tal forma que foi necessário refletir sobre essa transição. Quando criança, eu fazia funerais elaborados para meus vários hamsters queridos, com caixões de caixas de sapatos e buquês de dentes-de-leão. Mas então, quando fiz 17 anos, minha mãe foi diagnosticada com câncer de mama, e eu tive de enfrentar a realidade de que a morte viria não só para meus doces animaizinhos, mas também para os membros de minha amada família.

A contemplação da morte, segundo os budistas, traz uma conscientização mais profunda da renúncia. A reflexão frequente e profunda sobre a morte promove o abandono de padrões de vida habituais e destrutivos. Diz-se que essa renúncia contém tanto tristeza quanto alegria, e eu posso testemunhar isso. É triste perceber a futilidade de antigos modos de ser, mas sentimos alegria ao ver um futuro sem esses hábitos que nos aprisionam. Sogyal Rinpoche explica:

> Esta não é uma alegria comum. É uma alegria da qual nasce uma força nova e profunda, uma confiança, uma inspiração duradoura que provém da constatação de que você não está condenado a seus hábitos e que pode, sim, deixá-los e mudar, tornando-se cada vez mais livre. [...] Por si só, a contemplação da impermanência não basta. Você tem de trabalhar com ela na vida.

Rinpoche esclarece como praticar e aplicar a verdade da impermanência sugerindo que vejamos com compreensão as variáveis mudanças que nossa vida sofre. Essa visão aliviará parte da tensão que há dentro de nós e em todas as situações da vida. Isso torna um pouco menos intensa mesmo as mudanças muito sofridas. E, assim, vivemos vidas mais profundas e amplas.

Percebo que tanto Taka quanto eu recebemos uma dádiva quando tivemos de encarar de frente duras realidades. Através da morte de nossos entes queridos, exige-se que nós entendamos a verdade de que tudo neste mundo é impermanente. E, apesar disso, como é difícil aceitar a realidade! Taka agora está inteiramente só no mundo. Então como poderá ela sentir-se segura, amada, incluída? Ao vir para a Vila das Ameixeiras, Taka deve estar buscando, intencionalmente ou não, o que eu também busco. Pergunto-me se isto não é, essencialmente, o que todos nós aqui desejamos:

encontrar e nutrir um vínculo eterno com o Lar que há dentro de nós, seja qual for a tragédia de nossa vida. Sinto uma tristeza imensa por Taka. Mas a sabedoria de Thich Nhat Hanh salta sobre meu desespero. Em *The Heart of the Buddha's Teachings*, o mestre zen escreve:

> Não é a impermanência que nos faz sofrer. O que nos faz sofrer é desejar que as coisas sejam permanentes quando não são. [...] Quando sabemos que a pessoa que amamos é impermanente, nós a valorizamos ainda mais. A impermanência ensina-nos a respeitar e valorizar cada momento e todas as coisas preciosas à nossa volta e dentro de nós. [...] Podemos sorrir porque fizemos todo o possível para desfrutar de cada momento de nossa vida e para levar alegria aos outros.

Agora estou deitada na cama. O peso dessas reflexões abateu-se sobre minha força física. Lembro-me do momento nebuloso em que minha mãe soube que tinha câncer. Por mais estranho que pareça, ela recebeu a notícia por telefone e eu ouvi a conversa porque estava na sala. Anos após a morte de mamãe, percebi que, graças à incerteza, à ameaça de que ela poderia morrer a qualquer momento, eu apreciei, profundamente grata, aqueles últimos anos com ela, assim como fizeram meu pai e meus irmãos. Mas agora eu me pergunto como seria apreciar plena e diariamente a impermanência sem o terrível catalisador de uma doença que ameace a vida de uma mãe. Estar desperto a tal ponto realmente seria um grande feito.

Estou exausta, mas está na hora do jantar. Levanto-me e vou para o refeitório. Minha nova irmã, Taka, está ao lado da lareira com uma caneca de chá numa mão e o violino na outra. Um instante depois, ela sai pelo corredor para guardar o sagrado instrumento musical, o mesmo que me ensinara a verdade da impermanência, na segurança de seu quarto até que sua sabedoria se faça novamente necessária.

⚘ Dia 22 ⚘

Terra:
Sou a criança faminta

*A terra provê o bastante para satisfazer
a necessidade de todos, mas não a voracidade.*
— MAHATMA GANDHI

O rígido treinamento das aulas de balé que fiz quando criança enfiou-me na cabeça um ideal impossível de magreza, e isso provocou em mim uma relação desequilibrada com a comida. Não cheguei a ter nenhum distúrbio alimentar e talvez estivesse inconscientemente me rebelando contra a vida extremamente disciplinada que precisava levar quando era uma jovem bailarina, mas às vezes eu recorria à comida para reprimir alguma insatisfação aleatória não identificada.

O místico oriental Meher Baba decretou: "A voracidade é um estado de inquietude do coração".

É meio-dia, e uma das Irmãs da Nova Aldeola está lendo em voz alta uma oração antes da refeição. Trata-se da mesma "oração de graças pela refeição" que escuto diariamente há 21 dias. Hoje as palavras de ouro calam fundo: "Este alimento é a dádiva de todo o universo. Que possamos comer com atenção plena e transformar nossa voracidade comendo com moderação. Que possamos comer de um modo que reduza o sofrimento dos seres vivos e estimule a preservação de nosso planeta".

No silêncio que se segue, perscruto meu prato de arroz integral, cenouras ao vapor, brócolis e lentilhas ao molho de missô. Olho para minha vizinha, a jovem e serena Irmã defronte de mim, e então meus olhos percorrem a mesa cheia de pratos cuidadosamente preparados. Num instante, encho-me de toda a sagração presente naquele ambiente.

Fazer uma refeição num mosteiro é completamente diferente de comer no mundo real. Aqui, você faz uma coisa de cada vez. Nada de ler o jornal matinal enquanto toma o chá: você só toma o chá. É difícil. Se tirar o excesso de conversa, TV e outras atividades que costuma executar enquanto come, o que resta é, bem, apenas comer. Na verdade, às vezes vejo as pessoas se debulharem em lágrimas durante uma refeição silenciosa. Ontem mesmo, isso aconteceu. Ao ver-se a sós com seus pensamentos no silêncio, uma companheira de peregrinação da Nova Aldeola deve ter sido tão invadida por uma preocupação ou uma lembrança triste que ficou lá sentada, chorando todas as lágrimas que tinha. Algumas das peregrinas, inclusive eu, ficamos um pouco surpresas, mas as monjas devem estar acostumadas com esse tipo de situação, pois nem sequer piscaram.

Todos sabem que o Buda jejuou durante dias a fio em busca de libertação do sofrimento da velhice, morte e renascimento. Muitos relatos afirmam que, em dado momento, esse bravo pioneiro sobreviveu comendo apenas um grão de arroz por dia. O Buda estava tentando esmagar todo o desejo jejuando, após determinar que o desejo em si é a causa de nosso sofrimento. Mas, apesar disso, não foi desse modo que ele encontrou a compreensão profunda.

Thich Nhat Hanh observa que o Buda aprendeu por experiência própria que, se destruir sua saúde, você não terá força suficiente para trilhar o Caminho da Realização. Ele também frisou que o extremo oposto do excesso de complacência diante dos prazeres sensuais, como a falta de moderação no comer, por exemplo, é igualmente perigoso. O Buda descobriu isso e proclamou o *Caminho do Meio* como a chave para a iluminação. Thây descreve o Caminho do Meio do Buda como "o meio de transcender todos os pares de opostos".

Aqui, todo santo dia relembram-me o imenso valor da moderação. Esses "sussurros" guiam-me a um lugar interior em que os ventos conturbados da mudança não me jogam de um lado para o outro.

Encho uma colher de lentilhas verdes com missô salgado e as mastigo, mastigo, mastigo. Saboreio os legumes. Sinto sua textura na língua. Seu aroma puro e forte entra-me pelo nariz. Sei que estou me nutrindo. Hoje me servi de uma porção menor e estou comendo mais devagar. Reflito sobre a voracidade. Existem milhões de pessoas que não têm o que comer. Mas será que realmente sei disso? Penso no assunto agora, e isso faz diminuir a distorção provocada por minha fome emocional. Encontrei uma espécie de refúgio interior que promove uma bem-vinda sensação de emancipação em minhas opções.

Hoje, paro de comer antes de me saciar.

Depois do almoço, pego um jornal e leio uma matéria que prevê uma futura escassez global de alimentos. Em muitas partes do mundo, não haverá comida suficiente para nossa população cada vez maior, cujo crescimento nos próximos quarenta anos está previsto para ficar entre dois e quatro bilhões de pessoas. Isso criará uma teia extremamente complexa de efeitos desastrosos para os seres humanos, para não falar no meio ambiente. Na África, por exemplo, muitos têm tanta fome que buscam nutrição na selva. Eles matam animais selvagens para comer, contribuindo assim para a extinção desses seres necessários. E a carne desses animais — macacos, roedores e cobras — muitas vezes contém vírus. Esses vírus são facilmente transferidos para seres humanos. Aí está aquele lance da interconexão mais uma vez. Muitos africanos caçam e comem esses animais porque, do contrário, morrerão de fome.

Fecho os olhos, o jornal me cai no colo, e reflito novamente sobre a oração de Thây: "Que possamos comer de um modo que reduza o sofrimento dos seres vivos e estimule a preservação de nosso planeta."

Numa das palestras anteriores, ouvi Thich Nhat Hanh dizer que deveríamos pensar global *e* localmente. Muitos dizem o contrário: que aquilo que você faz em seu quintal acaba tendo influência no mundo inteiro. Acho que Thây está certo, ambas as perspectivas são necessárias. Uma profunda conscientização dos problemas mundiais, evidentemente, é essencial. Mas, além de estar em dia com as atualidades, é essencial também entrar em sintonia pessoalmente.

Quando você reconhece que seu *corpo* é um microcosmo do macrocosmo, ou seja, do mundo, na medida em que conhece seu corpo, você conhece o mundo. Você será capaz de pensar globalmente caso se conscientize profundamente de sua própria natureza. Mas você precisa entender sua *verdadeira* natureza, e não sua natureza *imaginada*. Sem a devida introspecção, é muito fácil nos confinarmos a uma prisão criada por nós mesmos, a qual erradamente tomamos como sendo o universo.

Há uma ótima história budista que ilustra essa verdade. Ela fala de um velho sapo que viveu toda a vida num poço até receber a visita de um sapo oceânico. Patrul Rinpoche a conta:

"De onde você vem?", pergunta o sapo no poço.

"Do imenso oceano", responde o outro sapo.

"De que tamanho é seu oceano?"

"Ele é gigantesco."

"Você quer dizer um quarto do tamanho do meu poço aqui?"

"Maior."

"Maior? Você quer dizer metade do tamanho do meu poço?"

"Não, maior que isso."

"Ele é... tão grande quanto o meu poço?"

"Não há comparação."

"Impossível! Tenho que ver isso com meus próprios olhos."

Então os dois sapos partem juntos rumo ao oceano. Quando o sapo do poço vê o oceano, em um choque tão grande que sua cabeça explode em mil pedaços.

ᴓᴇ ᴈᴓ

Num mosteiro francês, olhando pelo antigo portal de minha morada de *hobbit*, estirada na cama com o *International Herald Tribune* dobrado sobre a barriga, penso em meu corpo como o corpo da criança faminta na África; e do velho, obrigado a comer insetos ou animais selvagens para sobreviver; e da monja idosa e manca que vejo aqui todos os dias. Meu corpo é o corpo deles. Com esses pensamentos de atenção, vou além de meu eu familiar, além de meu corpo. Tenho a sensação de ser apenas minha respiração. E as linhas que definem meu corpo se esfumam. Entro em fusão com o espaço.

Anos atrás, tive uma experiência expansiva semelhante quando cheguei ao alto de uma montanha do Novo México. No crepúsculo, após um longo dia de meditação sentada, levantei-me para esticar as pernas e começei a caminhar pela montanha, longe das muitas pessoas que estavam ali em retiro comigo. Eu via pés de inhame cor de oliva, o céu azul-escuro, e mais nada. Cada passo que eu dava se fundia com a terra seca, assim como a vastidão do céu se difundia em mim. Naquele momento, não havia nenhuma separação entre o que eu sabia que era eu e tudo mais que eu via. Nessa sensação de unidade, eu vislumbrei a verdade.

Minhas amarras e lastros caem, meus cotovelos repousam em estreitos,
Circundo serras, minhas palmas cobrem continentes,
Sigo a pé com minha visão.

— WALT WHITMAN, "CANÇÃO DE MIM MESMO"

Às vezes, tenho a impressão de que minha cabeça vai explodir com toda a expansão que está acontecendo aqui. Mas, felizmente, o processo é gradual o bastante para que eu provavelmente consiga evitar a sina do velho sapo do poço.

Com tudo o que não sei, paro um instante agora para lembrar-me do que sei. Quando me sento em silêncio e respiro com atenção plena, com as portas abertas e luz natural, surge um manancial azul e fresco de claridade, e as respostas vêm. E então simplesmente *sei* que, energeticamente, não estou *separada* de nenhuma criança faminta do mundo, do velho africano nem da frágil monja da Nova Aldeola. Minha mente *imóvel* sabe disso. Relembro a proclamação do Buda ao despertar: "Vi que nada pode ser apenas por si, que tudo precisa *inter-ser* com tudo mais. Vi também que todos os seres são dotados da natureza do despertar".

Com essa percepção, que eu possa parar de possuir mais do que preciso.

❧ Dia 23 ❧

Água:
Como um monge lava o rosto

O sapo não bebe toda a água do lago em que vive.
— PROVÉRBIO INDÍGENA NORTE-AMERICANO

Esta noite não conto automaticamente com a água. Esta noite sei que o líquido morno que flui sobre minhas mãos é um milagre.

❧❧❧

Hoje mais cedo, durante a palestra de Dharma, Thây comentou detalhadamente como havia lavado o rosto esta manhã. O semblante sereno do monge estava cheio de autêntica gratidão ao descrever minuciosamente a maravilhosa sensação da água no rosto e a grande alegria ao reconhecer a fonte profunda do milagre que é a água:

> Meus dedos tocaram essa água que veio de tão longe, de montanhas distantes ou das profundezas da terra, e milagrosamente, estava ali

em minhas mãos, em meu rosto, com o simples abrir de uma torneira. Enquanto espalhava devagar essa dádiva no rosto, pensei em toda a vida terrestre que existe graças à água. Ela estava tão fria e fresca. E eu fiquei feliz. Minha atenção me fez feliz.

Antes que Thây começasse a falar, os monges e monjas se haviam reunido, como sempre, na parte anterior do salão para entoar juntos seus gloriosos cânticos, a uma só voz e um só corpo. Tinha sido algo hipnotizante como sempre, mas hoje os mantras tinham sido ainda mais transcendentes. Quando a cerimônia estava mais ou menos na metade, aconteceu de eu olhar para meu amigo Stuart. Vi o escocês completamente transportado, deixando correr lágrimas silenciosas pelo rosto jovem. E então escutei mais atentamente. Um instante depois, os cânticos já resplandecentes levaram-me até outro patamar de consciência vibratória, e eu sabia que a profundidade de meu entrosamento com os sons era a razão de minha sensação de transformação. Entrosar-me era minha responsabilidade. Eu não deveria esperar que essas vibrações sagradas me transportassem sem disposição de minha parte. A concentração profunda nesses mantras budistas significaria um trajeto mais rápido e mais leve até a praia da libertação de feridas do passado. Quando Stuart se permitiu a abertura para absorver plenamente aqueles cânticos luminosos, estes ressoaram mais profundamente dentro dele. Isso, eu podia ver. Depois, Stuart me disse que tinha dedicado a música abençoada aos pais, a quem, pelo que entendi, uma bênção sagrada ou duas não fariam mal algum. O peregrino escocês disse que, ao absorver aqueles sons edificantes, havia sentido algo mudar dentro de si e sabia que o cântico promovera alguma espécie de cura para toda a sua família.

Entoado com total absorção, um mantra sagrado opera milagres.

Depois de descrever a experiência transcendental da lavagem do rosto, Thây contou-nos uma história de sua infância no Vietnã. Numa excursão escolar, centenas de crianças, em pequenos grupos, aventuraram-se a subir uma montanha para apreciar do alto a paisagem. O jovem Thây ficou animado com a aventura porque ouvira dizer que um eremita, um budista misterioso, vivia e meditava em solidão naquelas montanhas. Na animação, Thây e as demais crianças de seu grupo subiram a montanha depressa e, a meio caminho, já haviam bebido toda a água que levavam. E depois, para decepção de Thây, esse fugidio eremita, um ser quase semelhante ao Buda, não se encontrava em lugar nenhum. Quando as crianças se sentaram para comer seus lanches, Thây resolveu explorar um pouco mais e entrou sozinho no bosque. Não demorou muito e o escolar ouviu o som de água correndo. Seguiu-o e encontrou uma nascente de água. Por estar com muita sede, o futuro mestre zen ficou encantado ao ver a nascente. Ao levar à água as mãos em concha, Thây teve um pensamento repentino: "E se o eremita se transformasse numa nascente?" Ao beber a água, o jovem sentiu-se tão apaziguado e feliz que já não tinha o desejo de encontrar o eremita em forma de pessoa. Thây caiu em sono profundo ao lado da nascente e, ao acordar, não sabia onde estava. Porém uma coisa o futuro mestre zen sabia: havia bebido a água mais deliciosa do mundo.

O jovem Thây nunca contou aos colegas a sua descoberta da nascente, por achar que isso poderia diluir a poderosa experiência espiritual que ela representara para ele. Mas, após muitos anos e muito estudo, o monge acabou contando a história do eremita e da nascente por desejar ardentemente que todos encontrassem seu próprio eremita em sua própria vida.

Esta manhã, no salão de meditação, fiquei impressionada com a simplicidade e a força das mensagens de Stuart — para receber a cura, seja um participante ativo e entregue-se inteiramente aos gloriosos cânticos do Buda — e do sagrado conselho de Thây — seja diligente na atenção para não deixar de reconhecer seu *próprio* eremita quando ele se apresentar; assim, sua atenção não só criará segurança e alegria inabaláveis, mas também reverência diante dos elementos necessários à sustentabilidade da vida na Terra. A nascente foi o eremita de Thây. A música sagrada foi o eremita de Stuart. O conselho é claro. Mas o desafio é concentrar-se sistematicamente e não se distrair nem dispersar a mente.

Vendo um companheiro de peregrinação transportar-se e ouvindo o sábio comentário de um monge, minha consciência se alterou. Evidentemente, a água é uma maravilha: ela é até um eremita. Como poderia ser de outro modo? Thây tem uma maneira peculiar de parar por alguns momentos enquanto fala. E, nesse espaço, minha mente processa seus ensinamentos. Praticamente todas as formas de vida na Terra se compõem de três quartos de água, o que nos torna completamente dependentes desse líquido. Mais de 70% de mim é água. Mais de 70% de você é água. Sou feita desse líquido, assim como você. Não reverenciar a natureza sagrada da água é ignorar a vida. Claro que a água é um eremita.

Agora seguro com mais firmeza minha tábua de salvação. Estou me recompondo de modo mais resoluto.

Há orações escritas com tinta multicolorida em papel branco pregadas nas paredes deste mosteiro, nos banheiros, refeitórios, cozinhas e salões de meditação. E há lembretes específicos sobre o valor da água em cada cômodo que tem uma torneira. Esta noite, li o seguinte sobre a pia do banheiro: "Quando esta água cair sobre minhas mãos, que eu as use bem para proteger nossa mãe, a Terra". Abro a torneira e escuto a água jorrar. Minhas mãos se abrem sob o jato morno. Fecho os olhos. Minha respiração passeia com o som da água. Sinto os pés no chão. Lembro-me da terra sob eles. Esta água vem de suas profundezas. O líquido morno escorre pelos lados de minhas mãos em concha. Respiro. Respingo o calor no rosto. Pressiono os dedos contra os olhos fechados e acaricio-os — a água os acaricia. Respiro. Ponho as mãos em concha novamente e sinto nelas a alegria, a força purificadora que há na água. Meu rosto está aquecido novamente, minhas palmas fazem pressão, meus dedos massageiam as pálpebras. E mais uma vez: mais água, mais calor, nas mãos, no rosto. Respiro. Abro os olhos. Fecho a torneira e leio as palavras verdes na placa sobre a pia: "Quando esta água cair sobre minhas mãos, que eu as use bem para proteger nossa mãe, a Terra".

Como disse Thich Nhat Hanh: "Você já pode ter visto seu eremita sem o reconhecer. Talvez seu eremita não seja uma nascente. Ele pode ser uma rocha, uma árvore, uma criança ou uma montanha. Mas quando tiver encontrado seu eremita, você saberá aonde ir. E encontrará paz".

Seguir o conselho do perceptivo monge e lavar o rosto atentando para o valor da água é respeitar nosso lar, a Terra. Quando vamos para nosso Lar interior, reconhecemos e valorizamos o lar que temos à nossa volta: este glorioso planeta. Se eu tivesse apenas este dia no mosteiro, todo o esforço para vir à Vila das Ameixeiras teria valido a pena.

~ Dia 24 ~

Fogo:
O irlandês feliz

As chamas ardentes da raiva secaram o ribeirão do meu ser.

— DILGO KHYENTSE RINPOCHE

Olho para o relógio: 5h01 da manhã, e lá estão eles novamente, esses calcanhares frenéticos que martelam o piso do corredor. Minha vizinha acordou e saiu correndo para o banheiro. Aí é que está, não há a menor chance de ela se atrasar algum dia para a meditação matinal. "Como é que ela consegue andar tão depressa a uma hora destas?" Às 5h11, mais arrastar de pés. A corredora voltou do banheiro para o quarto. Cochilo. O segundo gongo soa. Suas agradáveis vibrações lentamente me tiram do sono até eu despertar totalmente com a última arremetida de minha vizinha no tabuado rangente. São 5h15 agora. A entusiástica peregrina chegará ao salão de meditação nada menos que 15 minutos antes da hora. Geralmente é nessa hora que eu acordo em dias normais, isto é, nos dias em que Thây não está presente. Quando Thich Nhat Hanh vai falar, eu me levanto da cama logo no primeiro toque do gongo.

Esta tarde caminho na grama úmida da Aldeola de Cima com um homem de rosto vermelho e inteligência viva. Ele é da Irlanda do Norte e tem uns 50 anos. Como bom católico que é, Aidan comentou há alguns dias que, enquanto caminhava com Thây, sentira como poderia ter sido caminhar ao lado de Jesus. Agora pergunto a Aidan o que o trouxe à Vila das Ameixeiras. Ele responde contando-me a história de sua família. Um dos oito filhos de um lar católico de Belfast, Aidan foi criado com base no lema: "poupando a surra, se estraga o filho". A mulher com quem ele se casara tinha mão firme como sua mãe e partilhava dessa mesma dura convicção. Mas, após muita conturbação doméstica, Aidan começara a questionar o método que o casal estava usando para educar os filhos. A mulher não quis amenizar a abordagem, e isso acabou criando infindáveis divergências e conflitos. As dificuldades no casamento haviam atiçado a raiva dentro de Aidan, e essa raiva cresceu de tal modo ao longo dos anos que ele explodia à menor provocação. Ele me descreveu assim a raiva que sentia: "Era como a chama de um fogão, pronta para explodir a qualquer momento se alguma coisa a alimentasse. Eu via que aquela ira estava inteiramente fora de controle e causava muita aflição a mim, à minha família e a todos à minha volta. E sabia que alguma coisa tinha de mudar."

Continuamos caminhando na área das residências dos monges, e Aidan sorri e diz que o livro *Anger*, de Thich Nhat Hanh, mudou sua vida. Depois de ler a orientação de Thây para administrar essa emoção destrutiva, Aidan começou a aceitá-la e a cuidar dela. Seguindo as técnicas apresentadas no livro, o homem de Belfast visualizara essa ardente emoção na barriga. Por meio da atenção, o irlandês aceitou e cuidou de sua raiva como de uma criança machucada. Abraçando sua negatividade, Aidan a aceitou e legitimou, o que naturalmente o levou à compaixão por si mesmo. "Em pouco tempo", diz Aidan, "consegui reduzir mentalmente aquela chama até ela se tornar apenas uma chama piloto."

Muitas vezes ouvi Thây dizer que não devemos suprimir nossas emoções negativas. Quando surgem sentimentos difíceis, devemos abraçá-los com atenção. "Enquanto não reconhecermos que a raiva é raiva, ela vai nos dominar." Só com atenção poderemos desenvolver compaixão e compreensão por nós mesmos. Para esclarecer esse ensinamento, Thây costuma dar o exemplo de uma mãe que, ao ouvir o bebê chorar, vai imediatamente até ele e o toma nos braços com amor. A mãe não ignora o bebê, principalmente quando ele está aflito. E, embora a mãe possa não saber necessariamente por que o filho está chorando, seu abraço atento será sentido pela criança e a acalmará. Então, como um bebê que chora e é tratado com aceitação e amor, nossa negatividade perderá a capacidade de perdurar. O choro cessará e a compaixão surgirá quando nos abraçarmos com carinho. Não precisamos sequer saber por que estamos sentindo essas emoções negativas. Thây frisa que, com atenção e prática, as aflições descem às profundezas da mente, ao que os budistas chamam de consciência armazenadora ou de armazenamento, onde permanecem adormecidas e incapazes de causar qualquer mal.

Agora caminhamos juntos em silêncio, ao ar livre, nesta tarde fresca do interior da França. Volto a pensar em Vanna e no fatídico dia da tradução. Essa companheira de peregrinação havia gritado palavras feias e rancorosas entre as sagradas paredes do Salão do Buda, deixando-me muda de espanto. Vanna, a que rega minhas sementes negativas da raiva e da frustração. Percebo agora que não tenho abraçado esses sentimentos difíceis com compreensão e, por isso, eles ficaram pegajosos. Basta que eu veja Vanna para que esses sentimentos horríveis reapareçam. Do mesmo modo que Aidan, cuja mulher fizera suas emoções sombrias aflorarem e causar-lhe tanta aflição, deixei que Vanna me causasse muito desgosto. Não cultivei a compaixão por mim, quanto mais por Vanna.

Naturalmente, todos temos dentro de nós essas sementes de aflição, como a raiva, assim como temos sementes de alegria, compaixão e amor. O irlandês de cabeça fria agora já sabe reconhecer e abraçar sua dor e seus sentimentos difíceis com atenção e conscientização. Assim, essas emoções se atenuam e saem da linha de frente de sua mente. Penso na refinada habilidade que Aidan demonstra ter agora e no conselho de Thây de que não devemos suprimir nenhuma de nossas emoções. Penso em minha tendência a fazer exatamente isso com meus sentimentos difíceis: eu os afasto, em vez de abraçá-los com compreensão. Hoje vejo a possibilidade de uma relação nova e compassiva com minhas emoções mais difíceis. E isso, por si só, já constitui um alegre despertar.

Meu novo amigo irlandês tornou-se o que Thây chama sublimemente de "o jardineiro de seu próprio jardim". O monge budista descreve a consciência mental como o jardineiro cuidadosamente lavrando o solo das profundezas da mente, nutrindo as sementes da alegria e do amor, no jardim que é a consciência armazenadora. A atenção cultiva as sementes saudáveis da alegria até seu florescimento, ao mesmo tempo que estimula as sementes perniciosas e aflitivas a voltar para a consciência armazenadora, onde não podem causar nenhum mal.

O Sutra do Lótus, um discurso feito pelo Buda perto do fim da vida, contém um trecho que afirma que, com atenção, podemos transformar as chamas que estão prestes a nos queimar em um fresco e límpido lago de lótus. Em *The Heart of the Buddha's Teachings*, Thich Nhat Hanh explica: "Se em nossa mente há desejo irrefreado, raiva e mal, somos como uma casa que arde em chamas. Se o desejo irrefreado, a raiva e o mal estiverem ausentes de nossa mente, criamos um fresco e límpido lago de lótus".

O irlandês que havia sido como uma casa em chamas, consumido por uma raiva selvagem e descontrolada, agora parece um pouquinho melancólico, mas em paz ao dizer-me que o casamento chegou ao fim. Mas, como descobrira um modo de trabalhar com a atenção na vida, Aidan melhorara seu relacionamento com os filhos e com a agora ex-mulher. Aidan me diz que pretende apresentar a Vila das Ameixeiras e os ensinamentos de Thich Nhat Hanh aos filhos.

O homem corado de Belfast é vivaz e cheio de energia, um companheiro de caminhada extremamente estimulante e interessante. Abraçar a paz não implica embotamento nem inércia. Estar em paz é ter vitalidade e estar vivo de verdade. Vejo que Aidan sabe disso.

❦ Dia 25 ❧

Ar:
Como uma mala cheia
me ensinou a renunciar

O materialismo embrutece e petrifica tudo,
tornando tudo vulgar e toda verdade, falsa.
— HENRI-FRÉDÉRIC AMIEL

Dois monges mais velhos e duas monjas mais velhas sentam-se como Budas resolutos na frente do Salão de Dharma da Aldeola de Cima. Dos quatro emana uma refinada sofisticação budista. Alguns dos peregrinos visitantes apresentaram perguntas que serão respondidas por esse painel de monges. Cerca de duzentas pessoas estão sentadas em silêncio na plateia. Uma Irmã lê em voz alta a primeira pergunta: "Como podemos cultivar o desapego e verdadeiramente abrir mão na vida?" A monja faz uma pausa e lentamente levanta o rosto bondoso para dizer: "Abrir mão de ideias é bem mais difícil que abrir mão de posses materiais". Em seguida, acrescenta: "Abrir mão de posses materiais é uma boa prática para abrir mão de ideias". A delicada Irmã diz que, na Vila das Ameixeiras, os monges mudam de quarto todos os anos para não se apegar a um determinado quarto ou companheiro de quarto. Por fim, diz: "*Cuidar da própria vida* na verdade significa olhar para bem dentro de si. Não se preocupar com o que os outros estão fazendo. Prestar atenção apenas ao que você está fazendo".

Para minha viagem à França, levei duas malas grandes com todas as coisas de que eu *precisaria* nos quatro meses de minha estada. Nelas estavam minhas roupas favoritas para todos os tipos de ocasião, livros, os produtos orgânicos para o corpo de que mais gosto e várias outras coisas. E o que aconteceu foi isto: ambas as malas ficaram pesadas demais, obrigando-me a pagar altas taxas por excesso de bagagem no aeroporto. Depois, arrastar essas malas pelas escadas do metrô de Paris revelou-se uma coisa praticamente impossível. Dizer que eu fiquei sobrecarregada é um eufemismo. Por sorte, um mês depois de minha chegada, surgiu uma luz: uma amiga canadense veio visitar-me em Paris e concordou em levar consigo para Toronto uma de minhas malas. Minha salvadora! Mas a mala que ficou estava cheia a ponto de arrebentar, e eu logo percebi que meus pertences haviam se tornado mais que uma carga meramente física. Quando afinal fui para a Vila das Ameixeiras, aquela mala inchada já tinha me deixado mentalmente perturbada.

"Abrir mão de posses materiais é uma boa prática para abrir mão de ideias." Quem me dera ter ouvido esse sábio conselho enquanto estava fazendo aquelas malas.

O Buda disse: "Apego a opiniões, apego a ideias, apego a percepções é o maior obstáculo à verdade". No livro *The Art of Power*, Thich Nhat Hanh explica:

É como subir uma escada. Quando chega ao quarto degrau, você pode pensar que está no degrau mais alto, que não pode subir mais, e se prende a esse degrau. Mas na verdade há um quinto degrau; se quiser chegar a ele, você precisa se dispor a abandonar o quarto. Ideias e percepções são coisas que devemos abandonar o tempo todo, para dar lugar a ideias melhores e percepções mais verdadeiras. É por isso que precisamos sempre nos perguntar "Estou certo disso?".

Durante a palestra de Dharma desta manhã, antes da sessão de perguntas e respostas com o painel de monges, Thây falara da necessidade de "queimar nossas opiniões", referindo-se àquelas ideias que nos impedem de ver a verdade da realidade, especialmente nossas opiniões não revisadas sobre o nascimento e a morte: "Sua natureza é a natureza da ausência de nascimento e ausência de morte. Você é uma continuação". Thây então derramou um pouco de chá numa caneca e disse que estava "derramando uma nuvem". Essa bela frase demonstra que uma nuvem não pode morrer. Uma nuvem simplesmente continua em outra forma; neste caso, ela se tornou água para o chá. "Não podemos ver a nuvem como 'imagem', mas ela certamente está aqui no chá." Os budistas chamam isso de *ausência de imagens*, ou seja, aparências ou objetos de percepção. Juntamente com o *vazio* e a *ausência de objetivos*, ela constitui uma das *Três Portas da Libertação*, por meio das quais nos libertamos do medo, da confusão e da tristeza. Thây prosseguiu: "Somos todos como a nuvem. Não morremos. Simplesmente continuamos em outras formas". Os budistas, afeitos a pensar em profundidade, transcendem as ideias de nascimento e morte.

Observo a face esculpida de uma monja vietnamita que parece bem mais jovem do que é. Vendo sua cabeça raspada e lisa brilhar à luz do salão de meditação enquanto ela repete seu ditame, volto a pensar se tenho apego à minha cabeleira longa e loura. Pego uma madeixa e enrolo-a no indicador. Gosto muito de meu cabelo; para mim, ele é como uma posse que em nada difere de minhas joias ou minhas roupas favoritas. Será que abrir mão de meu cabelo libertaria minha mente?

A monja atemporal prossegue. Ela está tentando ajudar-nos a entender *como* abrir mão, não apenas das posses materiais, mas em todos os aspectos da vida.

Se viver profundamente agora, você se curará do passado. Aprenda a escrever sua felicidade. O que você vê, ouve e sente? Sinta o movimento da mão enquanto escreve. Sua mão, o papel, a caneta e o movimento são uma coisa só. Não há "alguém" escrevendo. Faça uma carta para seu eu de 5 anos. A compaixão surgirá naturalmente dentro de você. Se fizer isso com tudo, você transformará seu sofrimento em compaixão. Caminhe com você aos 5 anos, cuide da criança que existe dentro de você. Se conseguir fazer isso, você cultivará compreensão e amor por todos os aspectos de seu ser.

Às vezes, fico completamente imóvel na cama, com os olhos no teto branco-gelo da minha caverna de *hobbit*, pensando em todas as coisas que terei de voltar a arrastar pela França depois que sair do mosteiro. E sempre penso: "Que liberdade imensa, a da vida monástica". Um monge não possui nada, não tem nem sequer cabelo de que cuidar. Francamente, deve ser um alívio.

Há tantas coisas materiais que podemos querer. Porém a satisfação não dura muito. Viver entre monjas felizes e destituídas de posses acende um holofote sobre essa verdade. Aqui, me pego deliciada em livrar-me lentamente de meus pertences, usando até acabarem os produtos que trouxe do Canadá, diversos sabonetes, xampus e cremes. Jogar mais um frasco na lixeira é motivo de comemoração. Significa uma coisa a menos para arrastar pela França.

Os ensinamentos yogues orientais afirmam que, quando nos redirecionamos e deixamos de desejar coisas, acabamos desenvolvendo então apego a criaturas reais, que vivem e respiram. Nossa concepção errônea celebra aqueles que adquirem e possuem grandes quantidades de coisas neste mundo. Somos considerados bem-sucedidos — e, portanto, dignos de respeito — com base no simples fato de termos conseguido trabalhar horas suficientes e acumular riqueza suficiente para adquirir montanhas de coisas. Como é que se pode achar que sugar toda a vida do planeta é admirável? É um modo profundamente imperfeito de pensar e viver. Essa verdade se amplifica quando se vive na Vila das Ameixeiras.

Hoje à noite, vou encontrar a Irmã que cantou a delicada canção de ninar que me fez lembrar de minha mãe. Eu a estava procurando porque quero fazer-lhe umas perguntas sobre o ritual budista da tonsura. A Irmã Ameixa está sentada num banco baixo de madeira, no cômodo mais frio do mosteiro: a área de lavagem de louça. A jovem monja francesa está pacientemente quebrando nozes com uma pedrinha, tirando a casca e colocando, um a um, os gordos pedaços do fruto marrom-claro em uma tigela de prata. Foi como se eu tivesse entrado na cena de um filme que mostrasse a vida num mosteiro francês do século XVIII. Puxo um banquinho para perto da paciente monja, agacho-me e pergunto-lhe se quer ajuda. A Irmã Ameixa levanta o olhar para responder que sim. Seu nariz sardento se franze quando ela sorri. Estou me acostumando a fazer tarefas repetitivas aqui no mosteiro. Mas o método que esta Irmã usa para quebrar as nozes me parece uma tortura de tão lento. Com certeza, existem ferramentas mais eficazes para extrair o miolo desses frutos oleaginosos. Mas, como gosto da companhia da Irmã Ameixa, para mim é fácil sentar, quebrar nozes e conversar com ela. Pego uma pedrinha e, com cuidado, bato em uma noz no chão. Só cinco golpes depois é que consigo atingi-la com a quantidade certa de força para abrir a casca sem esmigalhar o miolo. O golpe não pode ser nem muito forte nem muito fraco. "Igual à vida", penso. "Temos de usar a quantidade certa de pressão."

Pergunto à Irmã Ameixa como foi o dia em que ela fez os votos para se tornar uma monja budista. "Foi bonito", diz ela. Peço-lhe que descreva como e quando sua cabeça foi raspada. Eu não imaginava que o rosto da sardenta monja pudesse se tornar ainda mais suave do que é habitualmente. Com seu ar infantil, ela me diz que Thich Nhat Hanh e todas as Irmãs suas companheiras estavam presentes à sua ordenação. Após recitar votos e sutras, Thây cortou cerimoniosamente uma madeixa do cabelo da jovem e retirou-se da sala. Todas as Irmãs então continuaram a tarefa, raspando os cachos da monja recém-ordenada enquanto entoavam belas canções. "Houve muita alegria, muitos risos e muito amor", diz ela. "Foi o melhor dia de minha vida." Enquanto a Irmã fala, lembro-me de um filme em que raspam a cabeça de Natalie Portman. Ela chora o tempo todo, como se perder o cabelo fosse uma tortura inenarrável.

Mais tarde descobri que, enquanto a Irmã Ameixa ainda era aspirante, sua Irmã norte-americana da Nova Aldeola, a Irmã Pinho, adorava amassar com os dedos os cachos fartos e escuros da monja francesa que em breve faria seus votos. A Irmã Pinho me contou que a Irmã Ameixa tinha a cabeleira mais bela e lustrosa que já vira. Enquanto a monja falava, tive um momento fugaz de tristeza pela perda dos cachos escuros da garota francesa, mas na voz da Irmã Pinho só havia liberdade e alegria.

Entre as conchas, panelas e caldeirões gigantescos em que cabe sopa para cem pessoas desta monástica oficina de trabalho, sento-me em um banco de três pernas, debruçada sobre uma pilha de cascas de nozes, com um pedrinha cinzenta na mão, escutando uma garota francesa narrar sua maravilhosa jornada rumo ao Buda, uma jornada em que ela renunciou de bom grado não só aos cachos deslumbrantes, mas também às suas posses materiais. Aposto que a Irmã Ameixa também pode renunciar às ideias, essas opiniões sufocantes que tantos de nós equivocadamente cultivamos. Penso no painel de monges estudiosos desta manhã. Todos eles transmitiram o valor da verdadeira renúncia, não apenas com seus conselhos perceptivos, mas também com sua aparência, que irradiava liberdade, luz e felicidade. Na próxima viagem, farei questão de deixar para trás a mala cheia.

❧ Dia 26 ❧

Reverência:
O monge que é sósia
de Willem Dafoe

Que haja reverência, sempre e em tudo.

— CONFÚCIO

Levanto-me do lugar que ocupava no salão de meditação exatamente no instante em que um monge impressionante entra. Uma Irmã nos apresenta. E eis-me aqui com o monge norte-americano. Ele parece um Willem Dafoe jovem. Daqui a alguns dias, vou mencionar isso, e ele não saberá quem é esse famoso ator, o que me parece original e maravilhoso principalmente porque ele vive entre os muros do mosteiro, longe dos filmes, há apenas um ano. Começo a fazer uma série de elogios a Thây. O monge concorda com entusiasmo. E então proclama: "Mary, é uma maravilha você estar aqui!"

Acabo de conhecer o monge que mudará minha forma de pensar sobre os homens.

O monge sósia de Dafoe tem uns 40 anos de idade, olhos azuis e uma cabeça brilhante. Quando ele me conta que tem um doutorado em engenharia elétrica, inicialmente fico surpresa por ele agora viver em um mosteiro. Pergunto-lhe por que se tornou monge. Mesmo tendo feito a pergunta, sei que as pessoas inteligentes costumam sentir-se atraídas pelos vastos e intricados ensinamentos do Buda. O monge diz que se interessava muito pelo cristianismo quando era garoto. Essa curiosidade espiritual evoluiu em direção aos ensinamentos do Buda.

Em seguida, surpreendo a mim mesma. Conheço esse monge há exatos cinco minutos, e ele é um monge, mas me sinto tão à vontade em sua companhia que pergunto com a maior facilidade: "Você sente falta de uma parceira?" Ele responde que não. E acrescenta que nunca teve vontade de ter filhos e que ser um homem de família típico não era coisa para ele. Mas diz espontaneamente: "Claro que eu gostava de sexo. Mas não tinha dúvida quanto a ser ou não um monge". E afirma que a vida de budista celibatário simplesmente faz muito sentido para ele. Ele me diz que os aspectos práticos de ter uma parceira — o trabalho árduo que é inerente aos relacionamentos pessoais — restringem o tempo necessário para se avançar no caminho da sabedoria. Ao mesmo tempo, reconhece que, para certas pessoas, ter um parceiro também é um caminho legítimo para a compreensão profunda.

Mas o que me chamou a atenção foi outra coisa. Esse respeitoso Irmão está tão completamente presente enquanto fala comigo que sou absolutamente transportada para o momento com ele. Não há dispersão em minha mente. O monge que está diante de mim me encara diretamente, olho no olho, de modo forte, porém relaxado. Seus olhos não deixam os meus, mas neles só há abertura e reverência. Não há nenhum sinal de pressa nem de preocupação com o que eu poderia estar pensando a seu respeito. A familiar tensão entre sexos opostos não existe entre nós. Nossa conversa é fácil e fluida, mas extremamente estimulante. Nenhum dos dois a conduz ao fim. Após algum tempo, simplesmente nos viramos e caminhamos juntos em silêncio. Sinto uma espécie desconhecida de intimidade diante deste homem que agora é monge, um afeto profundo e respeitoso. Nós nos deixamos ver um pelo outro simplesmente porque nos encontramos juntos. Acho decepcionante essa pureza de reconhecimento e abertura não ser uma forma mais comum de relacionamento.

O Buda comparou o universo a uma vasta rede tecida de uma infinita variedade de joias brilhantes e multifacetadas. Cada uma reflete em si todas as demais joias da rede e também é uma com todas as demais.

— SOGYAL RINPOCHE,
THE TIBETAN BOOK OF LIVING AND DYING

Despeço-me do monge e continuo caminhando pela área da Aldeola de Cima, entre estas uvas de muitas garrafas de bordeaux. Parece-me que reverência diante de tudo que existe no universo advém quando se sabe verdadeiramente que toda vida faz parte dessa rede interconectada e interdependente que o Buda tão bem descreveu. Relembram-me todos os dias a verdade da interdependência. Quanto mais a entender, mais eu vou incorporar cada uma de minhas demais percepções. Sinto isso agora. A interconexão é uma percepção profunda. Como Thây já afirmou inúmeras vezes, a proclamação do Buda ao despertar foi a seguinte: "Vi que nada pode ser apenas por si, que tudo precisa *inter-ser* com tudo o mais". Como enfatiza ele, o Buda chegou a essa percepção por meio da prática da meditação profunda, e não do intelecto. Corro os olhos pelo horizonte. Praticar os ensinamentos do Buda e aplicá-los à vida é o único meio de promover a sabedoria. Na sabedoria não há confusão. Na sabedoria não há medo. A confusão anda abraçada ao medo.

Hoje é o 26º dia. Sou a carpinteira do Lar que é meu eu. E o canteiro de obras aqui está começando a ficar mais organizado.

⚬ᘀᘁ ᘀᘁ⚬

Thây frisa que o pai e o filho não estão separados. Quando ele usou esse exemplo hoje para esclarecer o ensinamento da interdependência (o inter--ser), pensei num primo meu da Inglaterra que cortara todo o contato que tinha com o pai. Essa separação durou muitos anos, atravessando a doença degenerativa contínua do pai até o dia da morte dele. Meu primo não compareceu ao funeral do pai. Na verdade, ele nem soube dessa morte até um tio nosso conseguir avisá-lo. Não sei qual foi a causa inicial da ruptura entre os dois. Crescemos em países diferentes e só nos vimos algumas vezes, mas sabia que seus pais haviam se divorciado. As coisas devem ter sido bem tensas, já que meu primo tomou a iniciativa simbólica de mudar o sobrenome, passando a usar só o da mãe. Ele deve ter tentado esquecer o fato de que o pai fazia parte dele.

Não é possível renegar ninguém. Thây apresentou a percepção de Buda sobre o *inter-ser* de um modo que deixa isso muito claro para mim. Mas este mundo é estranho. Ninguém "nega" ninguém. Mas mesmo desautorizar ou rejeitar outrem também é inútil. A ilusão de que podemos descartar a relação que temos com nossos familiares me parece exatamente isso, uma ilusão. Estamos obviamente ligados, e não só pelo sangue. Meu primo deve ter pensado que seria possível fugir se cortasse todo o contato com o pai. Agora, anos após a morte de seu pai, me pergunto se esse primo ainda pensa da mesma maneira. Sempre gostei dele. Também sei que, durante muitos anos, seu pai ficou muito triste por causa dessa separação física do filho único.

Durante a palestra de Dharma desta manhã, Thây disse: "Todo sofrimento desaparece com a Visão Correta. [...] Você contém seu pai. Seu pai contém você. Quando vê que vem de seu pai, então você sabe que é seu pai. Essa é a forma não dualista de entender o mundo, uma forma que leva em conta a verdade do *inter-ser*". Depois ele falou de cinco tipos de concentração que o Buda recomendava que usássemos como pás para cavar o solo da mente: interdependência, vazio, *interser*, impermanência e não eu.

Muitas tradições budistas usaram a metáfora da onda num oceano para ilustrar que não temos uma identidade ou um eu distintos no mundo. Gosto da maneira como Sogyal Rinpoche explica isso em *The Tibetan Book of Living and Dying*:

> Pense numa onda do mar. Vista de um determinado modo, ela parece ter uma identidade distinta, um começo e um fim, um nascimento e uma morte. Vista de outro, a própria onda na verdade não existe, mas é apenas o comportamento da água, vazia de qualquer identidade à parte, mas cheia de água. Portanto, quando realmente pensa na onda, você conclui que ela é algo temporariamente possibilitado pelo vento e pela água, que depende de um conjunto de circunstâncias que mudam constantemente. Você também conclui que cada onda se relaciona a todas as demais ondas.

Nesse trecho estão as Cinco Concentrações: a existência de uma onda depende das circunstâncias (vento e água). A onda tem um certo tipo de comportamento, mas ainda é água e, portanto, é vazia de qualquer identidade à parte (ou seja, não eu). A onda obviamente é ligada ou interconectada a todas as demais ondas e, por isso, tem a natureza do *inter-ser*.

E a onda em questão não vai durar para sempre: ela vem e vai, e sua natureza é a da impermanência.

Thây observa que não devemos temer o vazio. No livro *no death, no fear*, ele lança luz sobre esta valiosa ferramenta budista: "[...] vazio significa apenas a extinção das ideias. O vazio não é o oposto da existência. Ele não é o nada nem a aniquilação". Para ajudar-nos a entender o vazio, Thây usou a metáfora de dois copos. Ele nos pediu que visualizássemos um dos copos com um pouco de chá e o outro, sem chá. Em seguida, disse: "Para estar vazio ou não, é preciso que o copo esteja lá. Portanto, o vazio não significa a não existência. O vazio do copo não significa a não existência do copo. O copo está lá, só que está vazio".

No *Sutra do Coração*, o Bodhisattva da compaixão, Avalokitesvara, está instruindo o monge Sariputra a aperfeiçoar a sabedoria. Avalokitesvara proclama um celebradíssimo paradoxo budista: "Forma é vazio. Vazio é forma".

⊙⊙⊙

Hoje, após o almoço, vagueio um pouco e então encontro um rapaz solitário. Tom tem 21 anos e parece um californiano típico: é louro, tem olhos azuis e ar de surfista, além de uma presença calada, porém forte. Começamos a caminhar juntos. Tom fala-me de sua aspiração de tornar-se monge. Ao ouvir isso, minha reação inicial é de surpresa. Quando a pessoa é mais velha, eu entendo o raciocínio: ela já viveu a vida, teve talvez uma família e depois se cansou do burburinho da vida no assim chamado mundo "real". Entendo inclusive a opção do monge quarentão que é sósia de Willem Dafoe. Ele tem o dobro da idade do jovem Tom. Há muitos monges e monjas vietnamitas jovens, é claro, só que no caso deles é uma forte tradição cultural. Então por que iria um jovem norte-americano de 21 anos, bonito e inteligente, querer tornar-se monge?

Descubro que gosto do jovem aspirante. Gosto muito. Ele é bem articulado, sincero e reflexivo. Não demora e crio coragem de perguntar a Tom por que não quer uma vida "normal", cheia de namoradas, futebol e pizza. Ele me conta que, quando era adolescente, ficara muito curioso a respeito de buscas espirituais depois de ler um livro sobre meditação, experimentar praticá-la e depois ficar obcecado com a prática. Tom diz que, a princípio, provavelmente meditava da maneira errada e pode ter tido algumas experiências estranhas tentando aprender sozinho. Ele decidiu buscar orientação e logo encontrou os ensinamentos budistas, particularmente os de Thich Nhat Hanh. E agora está aqui, longe de sua casa no Missouri, pisando o gramado do mosteiro criado por esse monge na França.

Terminamos a caminhada e agora estamos sentados ao sol no jardim da Aldeola de Cima, vendo a majestosa torre do templo refletir-se no límpido tanque de lótus diante de nós. Minhas perguntas se tornam mais audaciosas. Tenho de perguntar a Tom sobre sexo porque, meu Deus, este jovem atraente deve ter desejos. A resposta de Tom é simples. Tivera uma infância estável, seus pais eram amorosos. Ele me garante não ter havido nenhuma experiência específica que o prejudicasse de alguma maneira durante seus anos de formação. E depois me diz que simplesmente significa mais para ele comungar com uma energia mais elevada que se dispersar em interesses insignificantes. Tom afirma que considera a vida contemplativa mais gratificante que meramente bordejar pela vida sem uma reflexão profunda.

Ficamos em silêncio. Atiro uma pedrinha no tanque de lótus. As ondulações provocadas pela pedra tremulam sobre a superfície verde-oliva da água e se misturam após alguns instantes, de modo que não posso mais vê-las com a mesma distinção. O norte-americano e a canadense parecem diferentes — são ondulações únicas no tanque —, mas a verdade mais profunda é que, em última análise, eles estão interconectados e têm a mesma natureza essencial. Eles tocam um ao outro, o que implica que são reciprocamente afetados por suas naturezas. Essa percepção acarreta responsabilidade. Neste momento, sei que tudo que penso, digo e faço criará, como uma ondulação aqui na água, infinitas ondulações interconectadas. E para mim será impossível saber o tamanho e a textura exatos dessas repercussões. Meus olhos bebem no tanque de lótus. Existem inúmeros "Toms" no mundo. E, no entanto, todas essas formas de vida estão ligadas a mim de alguma maneira.

Cada onda se relaciona a todas as demais ondas.

Em *The Heart of the Buddha's Teachings*, Thây aconselha: "Libertação é a capacidade de ir do mundo das imagens ao mundo da verdadeira natureza. Precisamos do mundo relativo da onda, mas também precisamos tocar a água, a origem de nosso ser. [...] Não devemos permitir que a verdade relativa nos aprisione e impeça de tocar a verdade absoluta. Examinando profundamente a verdade relativa, penetramos na absoluta. As verdades relativa e absoluta se interabraçam".

As ondulações no tanque cessaram, e eu penso no instinto sexual do homem de 21 anos comum. Pergunto a Tom como ele consegue controlar seus naturais impulsos sexuais. Sua resposta vem sem pausa. Se vir uma forma atraente, ele simplesmente desvia o olhar e se concentra nas árvores ou na natureza diante de si até que o desejo diminua. Ele diz que isso o traz de volta à expansiva sensação de união com tudo e o leva para além do impulso primal imediato.

Para mim, Tom está descobrindo a reverência; o monge que é sósia de Willem Dafoe, em seu modo próprio de ser, emite essa devoção. O caminho monástico não é para mim, sei disso. Mas seria magnífico verdadeiramente respeitar todas as pessoas e toda a vida, atingir tal percepção do *inter-ser* que reverenciasse cada joia da teia de joias interconectadas que é este universo.

☞ Dia 27 ☜

Compromisso:
Olhar o sofrimento no olho

A diferença entre o que fazemos e o que somos capazes de fazer bastaria para resolver a maioria dos problemas do mundo.

— MAHATMA GANDHI

As faculdades mentais de meu pai já haviam começado a deteriorar-se devido ao surgimento de demência precoce bem antes da queda que causou o hematoma subdural, ou sangramento na cabeça. O médico descreveu seu cérebro como "uma massa emaciada boiando no crânio". São poucas as chances de recuperação de um trauma grave para um cérebro lesionado e em processo de envelhecimento.

☙❧

Este é meu 27º dia no retiro, e minha amiga violinista está sentada algumas fileiras à minha frente no Salão do Buda. A melancolia paira sobre Taka, mas ela absorve com enlevo o conselho de um mestre zen. Está encarando no olho, sem autocomiseração, o próprio sofrimento. Minha companheira na perda dos pais me fez refletir sobre a morte de meu pai.

Os dias que antecederam essa morte foram cheios de angústia. A família toda estava sofrendo, mas o sofrimento de meu pai deve ter sido horrível. Deve ter sido uma tortura ter momentos de lucidez eclipsados por longos períodos de confusão, e o tempo todo sem poder se alimentar, caminhar, ir ao banheiro sozinho ou expressar-se com coerência. Meu pai lutava com os enfermeiros toda vez que estes tentavam fazer sua higiene. Ele os empurrava mesmo. Sempre era necessária a presença de duas pessoas: um membro da família para segurar as mãos de meu pai e um enfermeiro que agisse o mais rápido possível para terminar logo a operação. Toda a família encarou o sofrimento no olho do dia do acidente ao dia da morte de meu pai. Se o tormento tivesse se prolongado por mais de setenta dias, não sei como poderíamos ter lidado com a visão diária de nosso frágil e amado pai naquela agonia.

"Não evite o contato com o sofrimento nem feche os olhos ao sofrimento. Não perca a consciência da existência do sofrimento na vida do mundo. Procure maneiras de estar com os que estão sofrendo, seja pelo contato pessoal ou por imagens ou sons. Através de meios como esses, desperte-se e desperte outros para a realidade do sofrimento no mundo."

Hoje, na palestra de Dharma, Thich Nhat Hanh falou sobre esse preceito a respeito do sofrimento, o qual ele criara durante a Guerra do Vietnã.

No *Shambhala Sun*, Andrea Miller descreveu as maneiras encontradas por Thich Nhat Hanh para estar com os que sofriam na Guerra do Vietnã:

Em sete barcos carregados de alimentos, Thich Nhat Hanh e um pequeno grupo de voluntários remaram pelo rio Thu Bon acima, indo até o alto das montanhas, onde soldados cruzavam fogo e cadáveres em decomposição tornavam o ar irrespirável. O grupo não dispunha de proteção contra mosquitos nem de água potável. E, apesar dos ventos gélidos, dormia e comia arroz puro nos barcos. Nessas condições inóspitas, Nhat Hanh, que já contraíra malária e disenteria, sofreu uma recidiva de ambas.

Miller prossegue descrevendo as condições no Vietnã do Sul em 1964:

> Após dias de fortes chuvas na região, os desfiladeiros se inundaram com tanta rapidez que era impossível fugir das enchentes. Foram mais de 4.000 mortos e milhares de casas destruídas. Todo o país se mobilizou para o socorro emergencial, mas as vítimas que estavam nas áreas de conflito eram as que mais sofriam, e ninguém, à exceção de Nhat Hanh e sua equipe, se dispôs a correr o risco de atravessar o fogo cruzado para ir em seu auxílio. [...] Thich Nhat Hanh e sua valorosa equipe não discriminaram entre os que sofriam. Levaram alimentos e auxílio aos soldados feridos de ambos os lados.

⊱⊰≈⊱⊰

Quando houve o tsunami de 2004 na Ásia, eu estava meditando num centro de retiro budista no interior, perto da cidade costeira de Chennai, na Índia. Nesse curso de meditação, conheci uma mulher australiana. Depois do tsunami, uma generosa norte-americana que trabalhava como professora na Índia nos ofereceu abrigo. Naquela noite, dormimos as três no apartamento dessa americana, a menos de um quilômetro da costa. Já haviam sido emitidos alertas de uma onda gigantesca secundária, mas, apesar de generosa e solícita, a americana não nos dissera que vivia tão perto da costa de Chennai. Felizmente, não houve uma segunda onda. Na manhã seguinte, coladas aos noticiários da TV, tivemos uma noção das imensas proporções do desastre.

E então ela falou. A australiana anunciou que não deixaria que nada afetasse seus planos de viagem e que decidira seguir o itinerário que preparara cuidadosamente antes do tsunami. Alguma coisa na maneira como ela disse isso não me saiu da cabeça todos esses anos. Não é propriamente que lhe faltasse compaixão, mas sim que simplesmente lhe parecia confuso e perturbador demais reconhecer que havia milhares de mortos boiando no mar, a um passo da porta do apartamento em que estávamos. Alguns dias depois, assim que o transporte local voltou a funcionar, a australiana partiu para continuar sua viagem. A americana que nos dera abrigo e outra professora trabalharam muito para ajudar os órfãos dos pescadores falecidos do sul de Chennai. Eu pude ajudá-las um pouco em seu projeto.

Ao saber que Thich Nhat Hanh arriscara a saúde e a vida aventurando-se pelo território de combate no Vietnã e quase morrera, lembrei-me dessa época na Índia. Após o tsunami, a população local foi à costa recolher os corpos. A ajuda era necessária, mas só foram chamados profissionais de saúde treinados. Mesmo assim, muitas pessoas sem essa qualificação se ofereceram como voluntárias. Também se falara em surtos de tifo, malária e outras doenças associadas a cadáveres em decomposição. Isso bastou para me manter afastada. A ameaça de doenças altamente infecciosas me impediu de plantar-me em meio aos corpos.

No mosteiro do monge que sabe olhar o sofrimento no olho, agora me pergunto como é ser excepcionalmente compassivo e destemido, como foram Thich Nhat Hanh e sua equipe quando atravessaram voluntariamente a zona de conflito da Guerra do Vietnã, arriscando corajosamente a própria vida para salvar a daqueles que, do contrário, certamente teriam morrido.

Eles tinham um compromisso com a vida, eram ativos e intimoratos, mas não irresponsáveis. Isso é equilíbrio, sim, mas hoje, sentada neste local de devoção budista, com o monge que não se deixou intimidar pela guerra, entendo que sou capaz de muito mais.

Após a palestra de hoje, sinto menos medo. Se estivermos cheios de temor, como poderemos nos aventurar no mundo? Ligo os pontos. Este eu sólido e resistente que estou construindo aqui, entre as paredes sábias do mosteiro, não tem medo dentro de si. E este eu forte deseja engajar-se corajosamente à vida porque não há nenhum risco de colapso interior. Vejo isso em Thây. Aconteça o que acontecer, não há nenhuma possibilidade de sua base ruir, pois se ergue sobre a sabedoria.

No fim do dia, lembro-me de uma carta dada a meu pai por uma importante organização de pesquisa do câncer da qual fora voluntário após a morte de minha mãe. Meu irmão Iain a encontrou depois que papai morreu. A carta de agradecimento manifestava o desejo de que meu pai fosse clonado, tão valioso fora o serviço que prestara à organização. Os corajosos entregam-se inteiramente à vida.

⮞ Dia 28 ⮜

Graça:
A beleza de um homem moribundo, um monge que desliza e um bebê singular

Tudo tem beleza, mas nem todos a veem.

— CONFÚCIO

Nas noites que antecederam a morte de meu pai, eu dormia num colchão no chão, ao lado de sua cama. Meus irmãos ficavam com ele durante o dia. Eu me oferecera para o turno da noite porque sabia que é mais provável as pessoas morrerem de madrugada, e eu queria estar lá quando isso acontecesse. Numa dessas noites, pressenti que papai poderia estar prestes a morrer e imediatamente percebi que não estava mentalmente preparada para sua morte. Naquela noite segurei sua mão na minha, sua consciência alterada já havia muito, desde que ele começou a evadir-se lentamente deste mundo, e lhe pedi que por favor ficasse um pouco mais. Eu não estava pronta para que ele fosse embora.

Alguns dias depois, a hora chegou.

Sempre considerei o passamento tranquilo de meu pai o presente mais digno que ele poderia ter dado à sua família. Era pouco mais de 9h00 da manhã. Eu estava ajoelhada ao lado de meu pai, enquanto meu irmão Iain se mantinha bravamente no canto do quarto, incapaz de aproximar-se mais do pai que amava. David, meu dedicado irmão mais velho, estava vindo às pressas para o hospital. Nos momentos seguintes, a respiração e a cor do rosto de nosso pai começaram a mudar, sinalizando sua aproximação da morte. Retirei cuidadosamente o intravenoso de seu braço, virei-o delicadamente para o lado direito e concentrei-me em ajudá-lo a morrer. Estava seguindo as diretrizes de *The Tibetan Book of Living and Dying* para ajudar meu pai a fazer uma transição tranquila.

O Leão Adormecido é a postura em que o Buda estava ao morrer: mão esquerda sobre a coxa direita, e mão direita sob o queixo, fechando a narina direita. O lado direito do corpo contém canais de energia sutil que os budistas chamam de vento kármico da ilusão, que convém bloquear antes da morte. Assim, posicionar um moribundo sobre seu lado direito fechará esses canais e o ajudará a reconhecer a radiante claridade da natureza de sua mente, muitas vezes chamada de "luminosidade de base" ou "clara luz". Então a consciência pode deixar o corpo mais facilmente pelo alto da cabeça. *The Tibetan Book of Living and Dying* explica:

> Nossa consciência, que se baseia num "vento" e, por isso, necessita de uma abertura pela qual deixar o corpo, pode sair por uma de nove aberturas. A rota que ela toma determina exatamente o reino da existência em que devemos renascer. Quando ela sai pela coroa, no alto da cabeça, diz-se que renasceremos numa terra pura (o estado da mente em que você se liberta de seu sofrimento), onde podemos gradualmente prosseguir rumo à iluminação.

Treinada em balé clássico, sempre dancei a vida inteira. Já vi muitos dos melhores bailarinos do mundo realizarem façanhas artísticas impressionantes, mas é aqui neste mosteiro zen na França que serei testemunha da personificação da graça. Estou sentada na terceira fileira do Salão do Buda da Nova Aldeola, vendo Thây deslizar pelo chão como só ele faz. As mãos do monge movem-se pelo ar como se fossem o ar. É evidente que Thây está presente e desperto para a profunda liberdade de cada instante e, por isso, ele é transcendente. Observando a graça, sinto-me paralisada pela luminosidade do mestre zen. E também me sinto elevada, livre de meus problemas nesses preciosos momentos. É como se o leve monge caminhasse sobre a água, tão fluidos são seus passos. E posso dizer com toda a certeza que nunca vi uma mão humana mais graciosa.

Na presença de Thây, minha percepção de meu próprio eu se aguça. Como minha mão está segurando esta caneta? Há alguma tensão enquanto escrevo? Como estou sentando, como estou respirando? Em que estou pensando? Meu corpo está relaxado? Observar Thây me incita a esta lista de checagem mental. Quando estou profundamente consciente da qualidade do momento, a graça cai sobre mim. Sentada diante deste delicado monge, sinto um imenso alívio.

Entre os ensinamentos taoístas há uma história que adoro. O ensinamento é sobre o reconhecimento de que o recém-nascido não tem autoconsciência. Mas, à medida que envelhecemos, a mente começa a vaguear por autoimagens. Começamos a pensar: "Devo fazer isto? Este movimento está certo?" Perdemos o caráter imediato do momento. A tradução moderna do *Tao Te King* feita para o inglês por Stephen Mitchell explica essa observação ressaltando que, à medida que a autoconsciência se desenvolve, os músculos se tornam menos flexíveis, menos como é o mundo. Mas o bebê é pura fluidez. Ele não tem consciência de nenhuma separação, e assim todos os seus movimentos são espontâneos, vivos, inteiros e perfeitos. Porém, quando um corpo adulto se torna verdadeiramente flexível, seu movimento tem uma característica que o do bebê não tem: uma textura conferida pela experiência, uma quarta dimensão do tempo. No movimento da mão de uma pessoa de 84 anos, podemos ver que, sim, essa mão viveu e está em ressonância com a experiência. No movimento da mão de um bebê há a sensação de chegada recente: ele é puro, inocente e encantador. Mas um movimento adulto verdadeiramente flexível é fantástico porque toda a vida se inclui nele.

Alguns meses após deixar o mosteiro e voltar para casa, visitei um amigo e seu filho recém-nascido. Meu amigo tem um mal congênito chamado sindatilia, que é a união de dois ou mais dedos. Perguntava-me se o bebê teria herdado o mesmo mal. Meu amigo cumprimentou-me alegremente na porta de sua casa e convidou-me a subir a escada para a sala de estar. Lá, dormindo profundamente no berço, estava seu lindo filhinho. Dei uma espiada no pequeno. Ele tinha cabelo escuro e macio, pele de pêssego e cara de anjinho. Quando estendi a mão para acariciar-lhe a cabeça, ele pôs a sua na bochecha cor-de-rosa. Tinha os mesmos dedos unidos do pai.

Thich Nhat Hanh ensina que, se procurar a feiura, é ela que você vai encontrar. Mas, se procurar a beleza, essa graça se revelará a você.

Para mim foi fácil ver a beleza da criança que tinha à minha frente porque as crianças são intrinsecamente encantadoras, puras e inocentes. Mesmo as mãos minúsculas e disformes daquele bebê me pareciam perfeitas. Na presença daquela criança estava a prova do ensinamento de Thây segundo o qual os opostos *inter-são*. Beleza e feiura existem juntas. Só que nem sempre é óbvio.

Meu pai à beira da morte, o monge de 84 anos que desliza e o delicado bebê recém-nascido irradiam graça. A graça cura o mundo. Há demasiada tensão e rigidez à nossa volta, e essa energia dura é prejudicial. Aqueles que irradiam beleza e graça suavizam as arestas cortantes da vida.

∽ Dia 29 ∽

Respiração:
Como é que partimos do princípio
de que nossa respiração é eterna?

E Deus está sempre aqui, caso te sintas magoado.
Como um divino médico, Ele Se ajoelha sobre a terra
E Seu amor aquece o sagrado em nós.
— SANTA TERESA DE ÁVILA

Sessenta e nove dias após o acidente de meu pai, sua respiração cessou. Quando estão próximas da morte, as pessoas que sofreram lesões cerebrais costumam sofrer uma alteração em seus padrões de respiração conhecida como respiração de Cheyne-Stokes. Na manhã em que papai morreria, meu irmão Iain e eu percebemos que seus ciclos respiratórios estavam se tornando cada vez mais frequentes e superficiais, e eram seguidos de pausas terrivelmente longas em que não havia inspirações nem expirações. E então, de repente, ele respirava, a princípio lentamente e, em seguida, várias vezes de maneira entrecortada e superficial para depois novamente parar. E assim foi até o suspiro final, que nos roubou a todos o fôlego.

⚘ ⚘

Em 22 de novembro de 1991, à 1h30 da manhã, eu estava num hospital, à cabeceira do leito de minha mãe, observando com tristeza seu rosto ainda jovem e belo. Ela tentava respirar, mas parecia estar sufocando. Então, num instante, sua respiração cessou. Uma das veias de seu pescoço pulsou três vezes, e ela se foi.

⚘ ⚘

Temos a ilusão de que respiraremos para sempre. Não damos o devido valor a essa potente energia que é responsável pela vida. Se parasse de respirar, em cerca de três minutos você estaria morto.

⚘ ⚘

Há uma irlandesa baixinha e veloz aqui na Nova Aldeola. Digo "veloz" porque ela costuma sair para caminhadas que duram horas e beiram a corrida. E digo "baixinha" porque ela tem exatamente 1,49 m de altura. Ao contrário das Irmãs, Mona me diz que vai arrancar todos os cabelos se for obrigada a caminhar com os passos de tartaruga de uma monja. Gosto desse seu atrevimento. Hoje, estou voltando à Nova Aldeola de uma visita à vila em companhia da peregrina que parece um duende.

E... largamos! O duende é quilômetros mais baixo que eu e, apesar disso, estou lutando para acompanhar-lhe o passo. Estamos voltando para o mosteiro. Um pouquinho mais rápido, e estaríamos correndo. Para meu assombro, Mona consegue falar caminhando na velocidade em que vamos. "Não há bunda dolorida como sua própria bunda dolorida." Claro que imagino que ela está querendo dizer que seus glúteos estão doendo porque ela não para de exercitá-los. Mas aí ela me diz que está com saudade da Irlanda e que esse é um famoso provérbio irlandês que significa "não há lugar como a casa da gente". Então conto a Mona sobre outra caminhada que fiz há alguns dias, com duas francesas que aparentam estar na faixa dos 50. As três andávamos pelo caminho circular que cerca a Nova Aldeola, e eu, sentindo-me alegre e estranha, plantei-me entre as duas, dei um braço a cada uma e comecei a cantar *"We're off to see the wizard, the wonderful wizard of Oz"*. Agora, vou lhe contar uma coisa: há francesas de 50 anos que nunca ouviram falar de Dorothy e Totó, do Homem de Lata ou do Leão Covarde.

Nem sequer tentei explicar.

Mona considera a falta de familiaridade com esse clássico filme igualmente desconcertante e diz que costuma ter dificuldade em respirar: "Sei que consigo caminhar, mas não acho que consiga respirar de verdade". Lembro-me das instruções de Thây sobre a respiração na meditação do 20º dia: "Inspirando, sei que estou viva". Mesmo assim, estou impressionada com a declaração da peregrina irlandesa. Examino seu diminuto corpo de duende. "Como é que ela consegue falar e fazer uma caminhada rápida ao mesmo tempo? Deve estar respirando."

Com uma minilocomotiva ao lado, lembro-me da primeira vez em que consegui respirar com atenção plena. Foi por meio da prática do yoga, logo após a morte de minha mãe. Era uma tarefa aparentemente simples: instruíram-me a me sentar e observar o som e a sensação de cada inspiração enquanto entrava e saía de meu corpo. Sei o que Mona está querendo dizer ao afirmar que não consegue respirar *de verdade*. Ela não tem consciência de sua respiração. Mas aqui no mosteiro, quando a instruíram a praticar a respiração consciente, concentrando-se no som e na sensação da inspiração, minha nova amiga percebeu que faltava uma conexão. Mona me conta agora que se dissociara tanto do próprio corpo nos anos em que tomou medicamentos contra uma depressão, que sua consciência dessa *força vital* que é a respiração se tornara incrivelmente fraca. A irlandesa baixinha afrouxa ligeiramente o passo, o suficiente para que eu perceba as fileiras de girassóis marrons em peludos caules escuros que ladeiam esta estradinha, suas amareladas pétalas de novembro curvadas em direção aos frios miolos pendentes.

Anos atrás, meus primeiros dias de respiração consciente foram cheios de descobertas surpreendentes. Prestar atenção ao fato de que estava respirando revelou o que os yogues chamam de "força latente". Sempre que me concentrava com devoção na respiração, eu deixava de pensar e começava a sentir. Minha mente descansava, e isso permitia que meu corpo descansasse. Já ouvi muitas histórias de resolução de problemas difíceis de saúde com simples meditações sobre a respiração. E eu mesma me senti fisicamente mais forte com essas práticas. Enquanto caminho nesta estrada de terra na França, uma onda de gratidão me invade. Parece um milagre que uma mudança poderosa e boa venha de uma coisa tão simples quanto a conscientização atenta da respiração. Procuro lembrar-me agora que, quando se dá o tipo certo de atenção a qualquer coisa, há uma reação positiva. As coisas florescem quando cuidadas com amor. Portanto, não é surpresa que a vitalidade e a percepção floresçam a partir de uma respiração consciente.

E agora, ao correr por esta estrada, exatamente dois passos atrás de uma mulher que tem metade da minha altura, sinto-me grata por minha veloz companheira também estar aprendendo a respirar com atenção plena aqui no mosteiro. O poder de cura e transformação inerente à respiração consciente é imenso.

Estamos de volta à Nova Aldeola, mas sinto-me mais estressada que antes da caminhada. Na próxima vez, vou caminhar com uma monja. O duende é veloz demais para mim; meu coração ainda está disparado. Não quero sofrer as muitas consequências negativas de respirar sem plena consciência. Essa respiração é uma tábua de salvação para quem quer chegar ao verdadeiro Lar interior. Não se deve subestimar a força da respiração consciente. Nossa respiração não dura para sempre.

~ Dia 30 ~

Catalisadores: Tsunamis, guerras e monges em chamas

A rosa de cera do corpo da mariposa, desde o abdômen encharcado até o tórax e o buraco irregular onde deveria estar a cabeça, ampliada numa chama, uma chama cor de açafrão que a cobriu e a derrubou ao chão como a qualquer monge imolado.

— ANNIE DILLARD

No dia 16 de junho de 1963, o monge budista Thich Quang Duc imolou-se no centro de Saigon. Segundo muitos relatos, Quang Duc ateou fogo ao próprio corpo em protesto contra a perseguição religiosa aos monges budistas no regime de Diem, e não contra a Guerra do Vietnã diretamente. Entretanto, Diem nunca teria chegado ao poder se não fosse pela intervenção dos Estados Unidos no Vietnã. Serenamente sentado sobre as chamas como se estivesse flutuando em uma folha de lótus, esse monge extraordinariamente valoroso deu sua vida para criar uma transformação na consciência das pessoas durante uma guerra brutal e um regime político repressor.

O rosto de Thich Nhat Hanh se altera quando ele fala desse companheiro hoje. Não sei descrever essa alteração exatamente, a não ser dizendo que é como se o monge estivesse ardendo em chamas agora. Há uma longa pausa. Seria possível ouvir um alfinete cair no piso do mosteiro. A imensidão daquele ato de autoimolação pesa no ar.

O jornalista David Halberstam foi uma testemunha da história: "[...] um monge budista, imóvel como uma rocha, engolido pelas chamas. Seu corpo murchando, consumindo-se aos poucos, a cabeça enegrecendo e carbonizando-se. No ar o cheiro de carne queimada. [...] Eu estava chocado demais para chorar".

Thich Nhat Hanh decifrou a mensagem maior por trás da autoimolação do companheiro: "Quando Thich Quang Duc se transformou numa tocha humana, as pessoas do mundo inteiro tiveram de reconhecer que o Vietnã era uma terra em chamas e que precisavam fazer alguma coisa a respeito".

Antes de falar sobre o ato espantoso desse corajoso monge, Thây abriu sua palestra de hoje relembrando o tsunami de 2004 na Ásia, as inúmeras mortes que causou e a mensagem que trazia. Para Thây, as mortes causadas pelo tsunami foram um catalisador que deflagrou seu profundo pesar pelas muitas vidas perdidas na Guerra do Vietnã, sua terra natal.

Minhas orelhas imediatamente se puseram de pé. Poucos dias atrás, lembrara-me de minha estada na Índia durante essa catastrófica ocorrência quando Thây nos ensinava a importância de despertarmos para a realidade do sofrimento no mundo. E agora o mestre zen fala explicitamente no desastre.

Em 26 de dezembro de 2004, eu estava na cidade de Chennai, na costa sul da Índia, no sexto dia de um retiro de meditação silenciosa budista que duraria dez, no qual não se falaria absolutamente nem uma palavra. Quando o tsunami aconteceu, os facilitadores decidiram não romper o código de silêncio, o que significa que nenhum dos participantes foi informado do desastre. Por quatro longos dias, minha família sofreu no Canadá pela incerteza quanto à minha segurança. Houve congestionamento das linhas telefônicas na Índia quando centenas de pessoas do mundo inteiro começaram a tentar entrar em contato com amigos e familiares. Por isso, muitas famílias, inclusive a minha, não conseguiram nenhuma notícia.

Em 30 de dezembro, o curso de meditação terminou, o silêncio foi suspenso e os participantes finalmente foram informados do desastre. Foi um modo bizarro de encerrar um retiro. Tentei freneticamente ligar para o Canadá, mas as linhas ainda estavam congestionadas. Por fim, consegui convencer um operador da urgência de minha chamada. Aliviada ao ouvir a voz de meu irmão mais velho, David, logo rompi em lágrimas. Dedicado, ele estava prestes a embarcar num avião para a Índia em busca de sua única irmã. Naquele dia, tivemos uma conversa que nunca esquecerei. Como irmãos e irmãs, muitas vezes contamos automaticamente com o amor e o apoio que dedicamos uns aos outros, mas em momentos de crise, com a possibilidade de que tudo mude para sempre, pulamos fora de nosso afeto preguiçoso. Então, verbalizamos o amor que sentimos uns pelos outros. Durante essa conversa tão preciosa, garanti a meu irmão que estava em segurança e me alegrei muito ao sentir nele um alívio palpável, tendo entre nós um vasto oceano.

ৡৣৢ ৡৣৢ

"Como uma flor de lótus que floresce num mar de fogo, o sofrimento está à sua volta, mas você mantém sua liberdade."

Thich Nhat Hanh está comparando a capacidade de Thich Quang Duc de manter a serenidade, mesmo quando as chamas queimavam-lhe a bela cabeça, com nossa oportunidade de enfrentar bravamente a agonia que nos cerca. A dor de queimar vivo é excruciante. E ter a capacidade de suportar esse sofrimento imenso com dignidade e compostura é uma força a que praticamente nenhum de nós jamais precisará recorrer. Com essa imagem gravada na mente, sinto a coragem crescer e lembro-me de que bravura é um elemento essencial para que possamos nos refugiar no eu sábio.

Thây tem uma maneira delicada, porém firme, de enfatizar informações cruciais. Várias vezes ao longo deste mês, da maneira mais tolerante, Thây nos aconselhou enfaticamente a não *exagerar* nosso sofrimento, pois há destruição nessa amplificação. O mestre budista usa como metáfora uma flechada: evidentemente, esse primeiro golpe provocará alguma ferida ou dor. "Mas se, depois, uma segunda flecha atingir a mesma ferida, seu sofrimento aumentará tremendamente. Seu exagero é como a segunda flecha. Um bom praticante não permite que a segunda flecha venha. Ela é seu desespero e sua raiva diante da dor inicial da primeira flecha." Thây frisa que, se deixarmos essa segunda flecha nos atingir, nossa dor pode não apenas dobrar, mas sim tornar-se dez vezes mais intensa: "O desespero é uma flecha muito poderosa".

Penso em quantas vezes exagerei dores diversas, expondo-me assim a ser atingida pelas segundas flechas afiadas, esses pensamentos e medos torturantes que cercam uma lesão qualquer. Thây sugere que usemos a força da atenção plena para reconhecer *o que é*: "A Atenção Correta aceita tudo sem julgar nem reagir".

Muitas vezes ampliei o que é e o transformei no que não é. É hora de parar com isso.

⁓⊙⌇⊙⌇⁓

Algum tempo após deixar o mosteiro e voltar para casa, pus na porta da geladeira uma foto de Thich Quang Duc sentado imóvel enquanto era engolido pelas chamas num cruzamento de Saigon em 1963, durante a Guerra do Vietnã. Essa imagem de autoimolação, assim como o esqueleto adornado com joias no salão de meditação, me faz lembrar da morte. Mas, acima de tudo, ela me inspira a ser corajosa e a não perder tempo. A primeira amiga que convidei para jantar depois de pôr o monge em chamas na geladeira não ficou exatamente tão aberta à mensagem. Ela não conseguia entender por que eu iria *querer* ver esse tipo de imagem todos os dias. Não vou sequer descrever a cara de meu irmão Iain quando a viu.

Thich Quang Duc é meu *memento mori*. Ele me lembra de viver profundamente em cada momento, a única maneira de me sentir verdadeiramente em Casa. Todos nós precisamos desse empurrão. A vida passa num instante.

☙ Dia 31 ☙

Expansão:
SAIA DE SEU PEQUENO EU!

*O indivíduo não começa a viver enquanto não consegue passar
dos estreitos limites de suas preocupações individualistas às preocupações
mais amplas da humanidade.*
— MARTIN LUTHER KING, JR.

Cada monja da Nova Aldeola tem seu lugar cativo no salão de meditação, e os visitantes escolhem os seus entre os lugares restantes. Um dia, perguntei a uma Irmã qual era a razão disso, e ela respondeu que as pessoas criam uma certa qualidade de vibração caso se sentem repetidamente no mesmo lugar e que isso fazia bem às Irmãs. Isso talvez explique por que os praticantes leigos gravitam intuitivamente em direção ao mesmo lugar todas as vezes. Se isso é possível ou não depende da hora em que você chega ao salão. Sou do tipo que tende a chegar na última hora e assim, embora nem sempre esteja atrasada, estou sempre chegando ao salão com apenas alguns minutos de folga antes do início da meditação.

Isso implica menos lugares livres. Os últimos lugares são os que deixam seu nariz a apenas alguns centímetros da parede de tijolos de pedra. Estou em um desses lugares hoje.

A campainha soa para que as meditações comecem. A Irmã superiora abre com um cântico, orientando-nos a "inspirar com a montanha majestosa e expirar com a montanha majestosa". Não estou muito interessada na montanha hoje. Minha vizinha imediata expira ruidosamente. O casacão farfalhante está no salão. E, depois, a pedra cinzenta úmida e sem graça está bem diante de meu rosto. Nos momentos seguintes, como uma cacofonia de instrumentos desafinados, uma banda de caprichos físicos começa a se manifestar, um por um, com toda a discordância. Meu olho esquerdo sofre contrações involuntárias. Minha garganta se estreita. Minha nuca coça, e uma pesada pedra ocupa a cavidade que antes abrigava meu coração. Em menos de três minutos, sou consumida pelo desconforto físico, pela impaciência e pela fadiga mental.

Não quero ficar aqui sentada tendo a claustrofobia por companheira. Não quero ouvir os suspiros exaustos nem o barulho da *parka* a cada dois minutos. Não quero meditar hoje. Deixo o salão duas horas depois sem ter me concentrado um único instante.

"A meditação sentada não é para lutar. Você precisa gostar de estar sentado." Thây diz isso muitas vezes.

Um vírus perigoso está penetrando nos salões da Nova Aldeola, e eu sucumbi a seu ataque insidioso. Minha cabeça febril lateja, facas cortam-me a garganta e uma dor chata pesa em cada um de meus músculos. Na fila para o café da manhã, agora conto pelo menos outros dez seres arrasados pela gripe. Sou a 11ª alma penada.

Após um café da manhã líquido, sozinha no meu quarto, as coisas pioram. De algum modo, a gripe consegue me jogar de volta a meu passado desesperador. Lembranças dos parceiros amorosos comicamente inadequados de minha história recente, embora os relacionamentos tenham durado pouco, inundam-me a mente. Mesmo que eu acabe de ter uma semiepifania ao constatar que todos esses homens incompatíveis só apareceram depois que meu pai morreu, o que talvez explique a psicologia de minhas escolhas inanes, a lembrança, digamos, da completa falta de autenticidade de Alfred ainda me espanta. Eu deveria ter percebido as pistas de certas inclinações sinistras naquele olho evasivo, que nunca se abria mais do que a metade. Neste momento de lamentação devastado pela gripe, as terríveis escolhas de meu passado vêm à tona por serem as lembranças sombrias que são, e por eu estar num buraco abissal, incapaz de sair.

Com esses pensamentos pessimistas, estou exagerando tanto meu sofrimento físico quanto meu sofrimento mental. Estou deixando que a segunda flecha da aversão me atinja bem na garganta, já atravessada por adagas. E o tempo todo o ciclo de ruminação continua. Amplio todos os meus problemas até que eles percam toda a proporção, e depois a única questão que tem interesse para mim é meu próprio conforto e como reavê-lo. Para piorar tudo, depois que percebo esse exagero e esse flagrante egocentrismo, o ódio a mim mesma entra na dança. Escrevo em meu diário: "MARY, SAIA DE SEU PEQUENO EU!"

Quando o cientista francês Blaise Pascal afirmou que "todos os problemas do homem decorrem de sua incapacidade de ficar sozinho, em silêncio, num quarto", ele sabia o que estava dizendo.

Apesar de não conseguir dominar minha louca mente hoje, meu único consolo é estar consciente de que estou amplificando meu sofrimento, inclusive quando deixo que ele se intensifique. Thây apontou uma tendência humana que é comumente velada: esse exagero de nossos diversos problemas e sofrimentos. E agora vejo isso claramente. Mas essa segunda flecha me atingiu em cheio, e eu me pergunto se algum dia conseguirei infalivelmente reconhecer minha força, ligar minha mente e meu corpo de modo a viver na segurança e no conforto deste tranquilo Lar interior, seja qual for o tornado que passe.

Enquanto dou atenção a essas coisas péssimas que me perseguem, me sinto pior. "É muito melhor pensar no bem-estar dos outros que ligar um holofote em cima de meus próprios problemas vexatórios", convenço-me. Finalmente relaxo um pouco. Mas apaziguar-me dá um certo trabalho.

Thich Nhat Hanh ensina que não devemos passar tempo demais a sós, pois a solidão pode alimentar essa tendência à ruminação. A fixação em problemas pessoais é exaustiva. Sei que posso ir muito além dos estreitos limites de mim mesma, então por que não faço isso sempre? Por que não penso mais frequentemente em outras pessoas do mundo? Hoje, sozinha no minúsculo quarto de um mosteiro longe de casa, finalmente me lembro que, para sentir-me emocionalmente equilibrada, para não dizer útil, preciso parar com essa concentração imprópria em minhas preocupações. Simplesmente preciso.

⚬ᥱ⦚⚬

Em protesto contra o repressivo regime apoiado pelos Estados Unidos no Vietnã do Sul, mais de trinta monges sacrificaram-se ateando fogo a seus sagrados corpos. O jornal on-line *Time Asia* relata que, em 1965, após mais uma autoimolação budista, Thich Nhat Hanh escreveu ao líder norte-americano dos direitos civis, Martin Luther King Jr.: "Os monges que atearam fogo a seus corpos não pretendiam a morte de seus opressores, mas apenas uma mudança em sua política. Seus inimigos não são o homem. Eles são a intolerância, o fanatismo, a ditadura, a cupidez, o ódio e a discriminação que jazem no coração do homem". Thich Nhat Hanh levou King e, por tabela, a opinião pública norte-americana, a se opor à Guerra no Vietnã.

≈ᴑ☙ ❧ᴑ≈

Algumas semanas após voltar da França, li *The Vanishing Face of Gaia*, de James Lovelock. Assim como Thich Nhat Hanh e cada um dos monges budistas que se sacrificaram para levar a liberdade aos vietnamitas, Lovelock sabe a importância de expandirmos nosso modo de pensar para além dos limites de nosso pequeno eu. Lovelock, um combativo cientista independente de 92 anos, é o criador da Teoria de Gaia, tese segundo a qual a Terra, os ecossistemas e a totalidade da vida são um sistema autorregulado em evolução, cuja meta é estimular a vida. Lovelock reconhece que "acima de tudo, os seres humanos detestam qualquer mudança perceptível em seu modo de viver diário e em sua visão do futuro". E, embora Lovelock estivesse se referindo ao egoísmo restritivo que nos impede de mudar hábitos indulgentes que destroem o meio ambiente, eu via esses mesmos hábitos antiecológicos — que as pessoas *imaginam* que aumentam sua felicidade — como as próprias rotinas que na verdade limitam os níveis de felicidade. Fico muito mais satisfeita pedalando que dirigindo, por exemplo. Mas já houve muitas ocasiões em que senti os limites estreitos de meu pequeno eu restritivo e meu apego a hábitos que inviabilizam a alegria. Também já tive vislumbres de expansão e desprendimento. Quero multiplicar esses vislumbres.

Nessas mesmas semanas após minha residência temporária, entendi mais claramente que as preocupações individuais não devem eclipsar a realidade mais ampla de milhões de pessoas. Essa percepção veio, em parte, devido ao arranjo da vida comunitária do mosteiro. Foi o tipo de ambiente que me fez chamar mais atenção para a importância de considerarmos não apenas as muitas diferentes pessoas que convivem no mosteiro, mas também as condições em que vivem milhões de pessoas no mundo.

❦

Em *The Heart of the Buddha's Teachings*, Thich Nhat Hanh define *prajna paramita* como "o tipo mais elevado de compreensão, livre de todo o conhecimento, todos os conceitos, ideias e opiniões". Obtemos essa percepção por meio da presença, da atenção e da concentração na vida. Thây esclarece a utilidade dessa prática:

> O sofrimento dentro de você é um reflexo do sofrimento no mundo. É por isso que você precisa remover seu próprio sofrimento para ajudar o mundo. Quando entender seu próprio sofrimento, você poderá entender o sofrimento dos outros. Então, quando olhar para eles, você o fará de modo diferente: você entende seu sofrimento. Você os verá com os olhos da compaixão. Quando perceber que você o vê com compaixão, o outro imediatamente sofrerá menos.

Por um momento, espero sinceramente que o olho vacilante de Alfred esteja melhor.

E aí é que está. Precisamos nos concentrar em nosso sofrimento interior, só que da maneira apropriada, para identificá-lo, aceitá-lo e fazer algo produtivo para aliviá-lo. Geralmente, a autocomiseração e aquela segunda flecha destrutiva do exagero se imiscuem. Mais uma vez, se deixarmos que essa segunda flecha insidiosa nos atinja, só vamos sofrer mais. Presos em nossa própria lama horrível, somos absolutamente inúteis para o mundo.

O tipo certo de atenção para nosso próprio sofrimento é o segredo para nos libertarmos do desespero. Livres do desânimo, temos o poder de nossa força e resistência. Só então poderemos servir à humanidade.

~ Dia 32 ~

Interdependência:
Sem estrume não há flor

A contemplação é a aguda conscientização
da interdependência de todas as coisas.

— THOMAS MERTON

A tormentada por minhas aflições no gelado salão de meditação hoje de manhã, tento ver a felicidade em algum lugar das profundezas de meu mal-estar. Thây me diz que ela está lá. Fecho os olhos. Minha respiração está fraca, mas está lá. Tomo o elevador e desço até meu corpo. Descer da mente pensante me dá algum alívio, mesmo que pouco. Minha respiração fica um pouco menos fraca. Minha mente e meu corpo começam a se comunicar porque estou atentando para minha respiração. E, embora meus ombros estejam como blocos de cimento, a dor chata não me aflige da mesma maneira. Minha relação com meu corpo debilitado torna-se um pouco mais equilibrada: não estou lutando contra a realidade do que há. Esse estado neutro então me permite ouvir com mais atenção o mestre zen dizer agora: "Assim como uma bela flor de lótus floresce da lama, a felicidade pode florescer do sofrimento". Na verdade, nosso sofrimento é essencial à nossa felicidade. Sim, ele disse "essencial". E então, mesmo que eu desejasse que não fosse assim, ele disse isto: "A felicidade é feita de elementos que não são felicidade". Não podemos conhecer a felicidade sem conhecer o sofrimento.

Quando inicialmente usou a imagem do lótus para demonstrar a liberdade de que fora capaz Thich Quang Duc — sua calma absoluta, mesmo quando as chamas lhe lambiam o corpo sereno naquela praça do Vietnã —, Thây estava ajudando-nos a ver que a libertação do bravo monge está ao alcance de todos nós, não importa qual a terrível agonia que exista. Hoje, devo refletir com ainda mais profundidade. A flor de lótus simboliza não só a liberdade, mas também nossa alegria, a felicidade que não existiria sem a lama que a cerca, a qual representa nossos diversos problemas. A lama é necessária. Ela cria a flor e é responsável pela alegria. As duas dependem uma da outra. Thây ressalta que "um bom jardineiro sabe transformar a lama em composto para que belas flores possam crescer". O segredo, penso agora, é conseguir de algum modo ver na lama que aparece na vida um composto que vai nutrir alguma futura alegria cheia de percepção, e não apenas o seu aspecto deplorável. Só então será possível cultivar a alegria. Se eu não conseguir transformar a lama em composto — se eu for uma má jardineira —, só verei a lama como algo que inviabiliza a alegria.

"Não é possível cultivar uma flor de lótus na superfície do mármore."

Quando Thây acabou de dizer isso agora, eu o entendi como qualquer outra pessoa entenderia (as verdades são óbvias depois de reveladas, principalmente com uma bela metáfora). Sou obrigada a lembrar quantas vezes não pude cultivar a alegria se as condições não fossem perfeitas. Eu já tive um namorado maravilhoso que podia. Assim como eu, Doug simplesmente adorava praticar canoagem em rios distantes. Porém, às vezes havia grandes faixas de terra entre esses rios, o que exigia que amarrássemos todo o equipamento de *camping* nas costas, carregássemos uma canoa pesada e caminhássemos por florestas cheias de mosquitos no calor abrasador do verão. Doug adorava isso. Eu detestava. O pioneiro parecia apreciar o trabalho duro. Na época eu não sabia, mas Doug tinha uma profunda compreensão da inter-relação entre o sofrimento e a alegria. Vejo isso agora. Meu sábio amigo sabia que tornar real uma grande alegria no rio aberto dependia da irritação por arrastar uma canoa por bosques cheios de insetos. As duas coisas não poderiam existir uma sem a outra. Eu só queria ir para o rio, mas Doug aceitava e abraçava tanto o árduo caminho até o rio quanto o próprio rio.

ᴓᴑᴓ

Estou doente e mal-humorada, mas de algum modo as palavras de Thây penetram em mim. Podem surgir — e surgem — coisas boas de desafios, dificuldades e sofrimento; na verdade, as tribulações são essenciais ao crescimento. Thây tem uma bela maneira de explicar isso: se conseguirmos examinar profundamente o nosso sofrimento com a visão correta, vamos aceitar e começar a entender a natureza ou a origem desse sofrimento. A compreensão então dá lugar à compaixão e ao amor dentro de nós. Compreensão, compaixão e amor são a própria base da felicidade. Thây ressalta que "uma pessoa que não tem compaixão nem amor dentro de si não pode jamais se relacionar com outro ser humano". Sem dúvida, a capacidade de relação com os outros é essencial à felicidade. Thây nos aconselha a não discriminar nosso sofrimento. Só precisamos "fazer bom uso do sofrimento, a lama, para nutrir a flor da felicidade". Livres da raiva, do medo e do desespero diante desse sofrimento, nós ficamos muito lúcidos. A lucidez tem o poder de nos dar uma grande percepção para nos ajudar. Só quando cuidamos bem de nós mesmos podemos ajudar os outros.

Aqui, no Salão de Dharma, as complexidades dessa verdade se revelam de uma maneira metaforicamente bela, de um modo que vai ficar comigo. Sinto isso agora. Esse ensinamento ficará retido em minha mente por causa da delicada força da imagem do lótus. Um lótus branco, puro e delicado preenche o espaço de minha mente agora. Enquanto respiro, a flor se abre e respira comigo. Minha pele se transforma na suavidade das pétalas, e a flor se torna meu corpo. Florescendo. Respirando. Florescendo. Sinto-me apaziguada. A delicadeza desliza por meu corpo, acariciando o desconforto e abraçando ternamente minhas feridas. Respiro. O lótus branco respira. Floresço. O lótus branco floresce. Respirando. Florescendo. Respirando. Dentro de mim há uma alegria radiante: é a brilhante flor branca do lótus. Ela estava lá o tempo todo.

ை௦ ௦ை

A imagem do lótus é magistral: a flor fragrante e a lama fedorenta *inter--são*, para usar a expressão de Thây. Na verdade, é impossível ter uma sem a outra — sem estrume não há flor. O zen-budista continua ensinando: "A felicidade e o sofrimento *inter-são*. Como os dois lados de uma moeda, um não pode existir sem o outro. Mas para realmente poder ver o lótus na lama, a felicidade no sofrimento, você deve ser capaz de examinar com muita atenção. Essa é a *visão não dualista*, que percebe a unidade em todos os fenômenos".

O monge levanta a mão esquerda, depois a direita e diz: "É verdade que onde há o esquerdo, seu oposto, o direito, também existe". Em seguida,

Thây diz esta grande coisa: "Se, do ponto de vista político, você for de esquerda, não deseje que a direita deixe de existir". Sem a direita, não pode haver esquerda. Como isso é verdadeiro.

Os budistas chamam este nosso mundo de "dimensão histórica". Em *no death, no fear*, Thây explica: "Vemos a realidade em nosso cotidiano através da dimensão histórica, mas também podemos ver a mesma realidade em sua dimensão suprema". Se eu olhar bem para a feiura, por exemplo, verei seu oposto, a beleza, e estarei tocando a dimensão suprema ao transcender a forma dualista e estreita de ver as coisas.

Thây frisa que, naturalmente, todos precisamos cuidar de nossas preocupações diárias ou históricas porque, infelizmente, todos temos que pagar nossos impostos e fazer nossas camas, mas também precisamos cuidar de nossas preocupações supremas. No livro *no death, no fear*, Thich Nhat Hanh prossegue: "Quando buscamos Deus ou o nirvana ou a paz mais profunda, estamos preocupados com o supremo. Estamos preocupados não apenas com os fatos do cotidiano — fama, lucro, ou nossa posição na sociedade e nossos projetos —, mas também com a nossa verdadeira natureza. Meditar profundamente é começar a cuidar de nossa preocupação suprema".

Na palestra de Dharma de hoje, Thây ressalta que "para ir além, você precisa aceitar a impermanência de todas as coisas de nosso mundo". Nada dura para sempre aqui na Terra. Essa é uma compreensão essencial à mente libertada. Contemplando a natureza impermanente de tudo, percebemos que nosso sofrimento não é interminável, algo que tem importância crucial para nosso bem-estar e nossa saúde mental.

Quando Thây apontou diretamente para a verdade da impermanência ao dizer: "Nosso sofrimento é impermanente, assim como tudo mais", o alívio generalizado que senti neste salão cheio de peregrinos, monges e monjas silenciosos foi imenso.

É bom saber que o sofrimento não pode durar e, além disso, há algo na angústia que estimula a introspecção útil. Esse exame profundo gera percepção. E a alegria vive nessa sabedoria. Então, finalmente, experimentamos a liberdade. Ésquilo, o grego que criou a tragédia, talvez estivesse certo quando disse: "O homem precisa sofrer para se tornar sábio".

ﻬﻬ

Hoje, após o almoço, vejo o monge que é sósia de Willem Dafoe. Ele adora café. Sentado com a elegância própria dos monges a uma mesa do refeitório, ele beberica seu *espresso*. Um cheiro de café forte enche o ar. O monge norte-americano me conta que, antes de ser ordenado por Thich Nhat Hanh, há apenas um ano, ele vivia à base de café. Agora reduziu bastante seu consumo. Sento-me diante deste Irmão que adora cafeína, deliciando-me por dentro em saber que alguns monges tomam essa bebida estimulante. A conversa muda de café para yoga. O sósia de Willem Dafoe pergunta-me se posso sugerir-lhe alguns exercícios adequados. Claro que sim. Afinal, venho ensinando regularmente às monjas uma série de antigas técnicas de yoga budista chamada Os Cinco Tibetanos. Em muitas frias manhãs de novembro, vou com alegria ao salão de meditação e instruo um grupo de oito dedicadas e sorridentes Irmãs de cabeça raspada a "*Inspirer par le nez et expirer par la bouche*". Num mosteiro budista, com monjas vietnamitas, demonstro técnicas sagradas da Índia falando o belo idioma francês.

Como não é permitida a permanência a sós de monges e monjas ou monges e mulheres, não posso ensinar essas técnicas budistas tibetanas ao Irmão de quem tanto gosto. Digo ao monge interessado em yoga que escreverei algumas instruções para ele. Sorrimos. Penso novamente em sua opção de tornar-se celibatário e pergunto-me se todos os monges e monjas daqui cumprem esse voto. Pressinto que este monge cordial faz isso. Alguma coisa em seu modo de não evitar olhar-me nos olhos. Diz--se que o Buda, sentado sob a figueira na noite de sua iluminação, teve visões de sedutoras. Essas mulheres perigosamente tentadoras procuraram levá-lo a romper sua disciplina. O Buda não só permaneceu irredutível, como conseguiu facilmente olhar nos olhos das sereias sem cobiça nem aversão. Notei que alguns dos monges daqui não olham para as mulheres nem, muito menos, se tornam amigos delas, como fez o sósia de Willem Dafoe. Creio que alguns estão sendo sábios ao evitar completamente olhá--las. Alegro-me, porém que esse monge budista que parece um Buda possa olhar-me diretamente nos olhos com tanta facilidade.

Uma das coisas que Thây disse hoje é que cometemos o erro de achar que temos de eliminar 100% de nosso sofrimento para ser felizes. Isso simplesmente não é verdade, nem mesmo possível. Podemos ter alguma felicidade em meio a nosso tipo particular de sofrimento. Cada um de nós sofre um pouco mais ou um pouco menos. O segredo, diz o mestre zen, é pensar consigo mesmo: "Lidarei com este sofrimento com dignidade". Thây voltou a frisar, como fizera no primeiro dia de minha estada, que seria uma injustiça com o Buda deduzir que o Ser iluminado queria dizer que tudo é sofrimento, como alguns interpretam o sentido da Primeira Nobre Verdade. Isso não está certo. Thich Nhat Hanh então disse: "A vida é sofrimento? Não. A vida é felicidade? Não. Ambos existem ao mesmo tempo". Precisamos nos relacionar tanto com os elementos infelizes quanto com os elementos felizes de nossa vida com a visão correta. Nossa tarefa é transformar o sofrimento que existe e estabelecer com ele uma nova relação para que ele não nos destrua.

Nossa época conturbada é um trampolim do qual podemos saltar para uma felicidade madura e cheia de sabedoria. Se não fosse pela morte de meus pais, eu não estaria agora nesta peregrinação, que é uma viagem cheia de sabedoria. Se não fosse pela lama de meu sofrimento, eu não poderia cultivar os lótus da alegria que estão em mim agora.

Tudo depende de tudo o mais. Só precisamos entender como trabalhar com tudo que nos aparece na vida.

❧ Dia 33 ❧

Transcendência:
O anjo que veio a mim

A hora mais escura é a que antecede o raiar do sol.
— PROVÉRBIO INGLÊS

Seria mais fácil morrer. Hoje minha terrível gripe está cem vezes pior, e ganho mais uma chance de constatar a verdade de que meu sofrimento e minha felicidade coexistem. Muito embora caiba a mim transformar ou não a lama desta doença no composto que vai nutrir a alegria, seria muito mais agradável simplesmente me sentir bem.

Sinto-me tão mal que perco todas as atividades do dia: as meditações matinais, uma palestra de Dharma gravada, a meditação caminhando, meus deveres de trabalho e também todas as refeições. Fico em meu quarto o dia inteiro. Refugiar-me em mim mesma, não importa o que esteja acontecendo, parece impossível. Simplesmente não consigo descobrir como fazer isso se me sinto tão mal.

De todas as partes caem flechas sobre mim.

Mas sei que esta é minha grande chance. Se eu conseguir olhar bem fundo para meu sofrimento, mesmo esse tipo de sofrimento minúsculo e relativamente insignificante, haverá algum prazer ali. Devo lembrar-me que esse desconforto é uma porta que leva a alguma compreensão e vivacidade mais profundas. Ele está me tornando mais resistente. Se eu conseguir relacionar-me adequadamente com esse mal interior, chegarei a alguma percepção. Mas no momento parece impossível mergulhar fundo nesse sofrimento. Eu preferiria evitá-lo. Acabo sentindo pena de mim mesma novamente. Até o fim da tarde, continuo doente e agitada demais para dormir, de modo que me arrasto desanimadamente até a cozinha para encher novamente minhas garrafas térmicas com chá de gengibre quente. Ao chegar lá, vejo algumas de minhas amigas zanzando e paro para conversar com três delas.

Enquanto escuto minhas camaradas espirituais falarem das variadas atividades do dia, um toque delicado e quente, suave como uma borboleta, pousa em meu ombro. Viro-me para olhar nos olhos de um anjo. O ser angelical tem a forma de uma graciosa monja vietnamita com pescoço de cisne e aura radiante. Acontece que esta Irmã benevolente soube que eu não estava bem e veio à minha procura. Em seguida, toma minhas mãos nas suas e diz com voz aveludada: "Deixe-me aplicar-lhe uma massagem terapêutica". Nunca ouvi palavras mais doces. Não é de surpreender que eu sinta prazer imediatamente. O anjo/monja toma minha mão e conduz-me até meu quarto.

A mão da monja é a mão do Buda.

O anjo/monja pede-me que deite de bruços. Afundo com gratidão na cama monástica que agora me parece uma confortável cama *king-size*. A mão delicada do anjo levanta minha blusa. Meus músculos relaxam-se em alegre expectativa, e minha respiração se torna leve e fluida. Minha gratidão é tanta que nem sequer me lembro de meus padecimentos. Sinto um cheiro que reconheço como bálsamo de tigre, e o anjo começa a aplicar o creme chinês em minhas costas com algum tipo de objeto. Depois concluo que ela usava a parte de trás de uma colher de cerâmica com movimentos amplos sobre meus músculos, exatamente onde eles doem mais. Uma de minhas pálpebras se entreabre e vejo que tudo no quarto emite um brilho dourado e cálido. E que um anjo flutua sobre mim.

Já recebi algumas massagens fantásticas na vida, mas nunca me senti como me sinto agora. Vou tentar explicar. O anjo/monja está profundamente entregue ao ato de massagear-me. Suas mãos me tocam com a bondade de seu coração. Ela quer simplesmente ajudar-me a me sentir melhor. E quem sou eu? Esta Irmã não é uma das monjas com quem fiz boas amizades aqui. Eu já a vira antes, mas só a distância. O amor que sinto emanar dela agora quase me faz romper em lágrimas. Porém, em vez de chorar, fico profundamente relaxada, grata e cheia de alegria. É isso. A epifania é imediata. É a isso que Thây se refere quando diz: "Há um lótus na lama. Há alegria no sofrimento". Finalmente entendi.

Então, numa fração de segundo minha mente deriva e penso: "Quanto tempo ainda o anjo me massageará? Está *tããão* bom. Espero que continue por muito tempo". E nesses poucos momentos de derivação, eu me dissocio da sensação gloriosa. Meu desejo obliterou temporariamente minha alegria.

Uma vez ouvi o estudioso budista Robert Thurman comentar que nunca estamos realmente satisfeitos: "Quando estamos mal, só pensamos: 'Quando isto vai acabar?' Do mesmo modo, quando temos sensações agradáveis, corremos o risco de pensar: 'Quando este momento bom vai acabar?' O momento bom acaba no instante em que pensamos nele".

A divina massagem nas costas acaba e abro meus olhos. Uma luz radiante envolve a monja abençoada. Ela põe as mãos juntas sobre o coração e inclina o rosto luminoso que encima aquele pescoço incrivelmente longo sobre meu corpo profundamente relaxado. Agora sei qual é a verdadeira definição de beatífico. Junto as mãos e faço uma reverência à minha angélica Irmã.

꧁꧂

Lembro-me de ouvir Thây dizer que, sempre que se sentir incapaz de fazer alguma coisa, você deve pedir ao Buda que tome sua mão para dar-lhe força. O Buda fará isso por você, seja lá o que você precise. Quando voltei de minha peregrinação, esse conselho veio comigo.

Depois que saí da Vila das Ameixeiras, enquanto estava em Bordeaux, fui revisitada por esse terrível vírus da gripe que agora ataca todas as minhas células. E ele pegou carona comigo até Toronto. Meu voo transatlântico foi terrível e eu cheguei em casa em pleno inverno canadense, à meia-noite, muito mais doente e cansada. Naquele momento, eu não tinha ninguém da família por perto, já que meu irmão Iain não estava na cidade, e o resto da família não mora em Toronto. Eu deveria ficar temporariamente no apartamento de Iain e, ao chegar lá, imediatamente me arrastei para a cama, mas não consegui dormir. Não havia nada para comer ou beber em casa, e meu mal-estar estava aumentando pela falta de nutrição. Mas eu não poderia ligar para um amigo à 1h00 da madrugada para pedir-lhe que me trouxesse um suco de laranja.

Deitada na cama naquela noite, lembrei-me tanto do ensinamento de Thây quanto da monja angelical daquele dia. Naquela noite escura e desanimadora, fechei os olhos e visualizei o Buda flutuando até mim, descendo de um nirvana dourado e glorioso. Senti o Buda tomar-me a mão. Ele ajudou-me a levantar, enrolou-me uma echarpe na cabeça e pôs-me o casaco nas costas. Segurando minha mão débil, o Buda conduziu-me à porta, depois ao elevador e até a loja da esquina. Compramos suco de laranja. Então demos meia-volta, retornamos ao edifício, pegamos o elevador e entramos no apartamento. Dois grandes copos de suco de laranja depois, o iluminado me pôs na cama e eu dormi como um bebê.

⊷⊶

Às vezes fico tão presa a meu próprio desconforto que acendo um holofote sobre ele. O tipo errado de atenção só faz o sofrimento piorar. A feroz enfermidade no mosteiro levou-me à massagem mais transcendente de minha vida. E minha recaída ao voltar para o Canadá levou-me a recorrer à força do Buda. Em ambos os casos, a lama da minha enfermidade se tornou o composto para a gloriosa flor branca do lótus, meu deleite extático e minha cura. Thich Nhat Hanh mostrou-me que o dom de transformar o veneno em remédio está ao alcance de todos nós. O sofrimento amargo pode matar ou tornar-se uma poção de sabedoria e êxtase. A escolha é sua.

☞ Dia 34 ☜

Não eu:
A maldição do ego

O que tivermos feito só para nós morre conosco; o que tivermos feito para os outros e para o mundo permanece e é imortal.

— ALBERT PIKE

"**M**aldito ego. O que é esse apego tão forte à satisfação de meu próprio eu? Por que valorizo tanto esse eu? Para começo de conversa, para que ter um ego, essa piada cruel do universo? Esse egocentrismo é a causa de boa parte de meu sofrimento..." Blá, blá, blá, prossegue minha mente. Thây sem dúvida está certo quanto a uma coisa: o oceano é mesmo tempestuoso.

Estou mal-humorada porque ainda estou doente. A alegria que senti ontem durante a massagem sagrada daquele anjo desapareceu completamente. Uma de minhas Irmãs favoritas, apesar de igualmente gripada, continuou a cumprir suas tarefas no mosteiro, obviamente abençoada com a mente mais estável do mundo. Ela não perdeu nenhuma das palestras de

Dharma de Thây e não fez a menor queixa de seu estado. Suponho que a resistência se incute em cada fibra sua. Apesar disso, quando a vejo hoje e elogio sua força, ela não acha que seja nada de extraordinário nem especialmente singular.

Esta Irmã não permite que nenhuma segunda flecha aumente a dor de suas feridas.

"Muitas vezes estamos em nosso próprio país, mas não nos sentimos em *Casa.*" Thây soltou esta pérola de sabedoria hoje mesmo. Doente ou não, sinto aqui na França exatamente o mesmo tipo de "desarraigamento" que vivencio em meu próprio país. Deixei meu lar geográfico em busca de uma estabilidade duradoura que não estava certa de poder encontrar lá. Mas hoje é o 34º dia do retiro e estou instável e insegura, como se estivesse atravessando uma ponte de corda em meio a ventos fortíssimos. Apesar de estar quase do outro lado do mundo, aqui tenho exatamente os mesmos pensamentos torturantes que me invadem a mente lá. Sim, o fato de estar fisicamente mal está exacerbando a insegurança e, sim, sei que há um caminho — a fortaleza está à vista —, mas realmente preciso controlar e dominar minha mente indisciplinada.

Hoje mais cedo, Thich Nhat Hanh falou de Jesus. Adoro que um monge budista se refira livremente a um profeta cristão. Thây ressaltou que esse redentor da humanidade procurava seu verdadeiro Lar e que o estado desolador de solidão o induzira a uma busca. Como todos sabemos, por fim Jesus encontrou esse refúgio sábio e, com desprendimento, passou a guiar os outros para seu verdadeiro Lar por meio de Seus ensinamentos cheios de percepção.

Perceber o Lar, não importa onde eu esteja... Não poderia ser mais maravilhoso. Eu saí de casa para encontrar meu Lar.

Aqui o sábio monge está fazendo justamente o que se diz que Jesus fez há séculos. Ele está me guiando para meu verdadeiro Lar, aquele que não é um lugar geográfico. O monge budista está no timão, navegando minha viagem pelo labirinto que é minha vida. Estou sendo conduzida na direção que vai reduzir meu egoísmo, abrir minha compaixão e diminuir meu sofrimento. Estou sendo estimulada a ligar minha mente e meu corpo por meio da atenção plena, de modo que para mim será natural pensar nos outros e ser gentil e generosa. Essas diretrizes estão em toda parte aqui. Vejo a cuidadosa atenção que os monges e monjas dedicam a todos. Reflito sobre absolutamente tudo entre as paredes deste mosteiro. Não há outra coisa a fazer. Em Toronto eu logo me perco em distrações típicas: amigos, filmes e comida. Aqui também há amigos e comida, mas o tipo de comunhão é diferente. Na Vila das Ameixeiras, o pano de fundo do sagrado está eternamente presente.

Ainda não dominei a arte budista do sofrer, de ter o tipo certo de atenção diante de meu sofrimento. Estou exagerando meu desconforto novamente hoje. Eu já falei que minha doença teimosamente persiste? O lance de "buscar refúgio em si mesmo" parece inacessível como uma porta fechada que não tem chave.

Thây, mais uma vez, aponta diretamente para a verdade: "Nós nos preocupamos com nosso próprio futuro, mas deixamos de nos preocupar com o futuro do outro porque achamos que nossa felicidade nada tem que ver com a felicidade do outro. Essa ideia de 'eu' e 'outro' gera um sofrimento imensurável".

A compreensão do essencial ensinamento budista do não eu reduz a autoabsorção e, assim, nos tornamos mais felizes. Descobri esse libertador ensinamento do Buda através de Thây logo no início de minha jornada. O estudioso budista o reduziu a seu sentido puro: "O que chamamos de 'eu' é feito apenas de elementos que não são eu". Em termos simples, isso quer dizer que, quando olho bem dentro de mim, eu vejo o cosmo. Aquilo que penso ser "eu" é simplesmente um conjunto de coisas que "não são eu" reunidas para "me" criar. Sem todos esses elementos "não humanos", como a luz solar, a terra, minerais, água, minha educação, a maçã que estou comendo agora etc., eu não posso existir. Então, o que é meu "eu"? Este bolo de músculos, nervos, sangue e ossos que penso ser eu é apenas isto: milhões de células que não existiriam sem, digamos, o mingau de aveia que comi esta manhã, ou minha mãe, ou o sol, ou bactérias, ou chuva. Minha própria existência provém de coisas que "não são eu". Thich Nhat Hanh ajudou-me a ver isso com muita clareza.

Thây revela que "os ensinamentos da impermânencia e do não eu foram-nos oferecidos pelo Buda como chaves para abrir a porta da realidade". Se puder lembrar que nada dura para sempre, terei mais facilidade em aceitar a verdade do não eu, a verdade de que tudo simplesmente é feito de coisas que "não são".

Naquele dia crucial da metade de minha jornada, Taka e seu violino ensinaram-me a impermânencia. Naqueles instantes em que a melancólica violinista deu vida a sua magistral interpretação de Bach, observei como as notas musicais apareciam e desapareciam. Fiquei extremamente consciente de que a natureza desses sons sagrados muda constantemente. E essa percepção me abriu para esta realidade: absolutamente tudo que existe muda constantemente. Cada nota vibratória tocada naquele violino veio e se foi.

As coisas não podem permanecer as mesmas dois momentos consecutivos. Portanto, como poderia eu permanecer a mesma? Tudo que me diz respeito está em constante fluxo. Minhas emoções, o peso de meu corpo, meus pensamentos, o comprimento de minhas unhas, as rugas em torno de meus olhos: tudo está mudando enquanto escrevo isto. Portanto, meu eu permanente em um determinado tipo de forma não pode existir. E, assim, posso compreender o não eu com mais facilidade. O que é este eu? Como o violino, a música que vem dele e a própria violinista, não me é possível ser exatamente o mesmo *ser* de momento a momento, no tempo ou no espaço. O pensamento me reconforta enquanto estou tão doente. Sei que minha doença não vai durar para sempre. E não só isso: se conseguir examinar com profundidade suficiente a impermânencia e o não eu, tocarei o *nirvana*, termo budista que designa o completo silenciar de todos os conceitos, uma morada celestial. Pura liberdade. Ser a soberana de minha mente seria como desenterrar as riquezas de uma mina de ouro. Sem dúvida, vale a pena desenterrar o dom da libertação.

Esta semana, uma das peregrinas organizou um mutirão para fazer biscoitos com várias das mulheres que estão aqui na Nova Aldeola. Por alguma razão, eu não fiquei sabendo disso. Na tarde marcada, quando desci do quarto para buscar uma caneca de chá na cozinha, senti o aroma delicioso de biscoitos de canela recém-assados. Havia montículos de massa fresca em assadeiras de mais de 1,80 m, e várias outras vasilhas com guloseimas morenas e quentinhas espalhadas pelas janelas. Havia biscoitos em toda parte, e as peregrinas que os haviam preparado também os estavam comendo.

Agora, é preciso dizer que biscoitos são uma iguaria muito especial quando se está levando uma vida monástica. Porém me senti acanhada em pedir um diretamente, já que não ajudara a assá-los. E, além disso, eles se destinavam a uma reunião de amigos leigos que aconteceria em breve. Portanto, em vez de pedir, disse tudo que me ocorria e que poderia convencer a mestra biscoiteira a brindar-me com um raro e precioso biscoito polvilhado de canela. Elogiei a arte da equipe na confecção dos biscoitos. Disse-lhes quanto tinham sido atenciosas ao prepará-los para a reunião. Até demonstrei minha autêntica consternação por não ter sabido do mutirão a tempo e acrescentei que, se soubesse, teria sido a primeira a oferecer-me como voluntária. Nada surtiu efeito.

Eu gosto da mestra biscoiteira; ela é uma holandesa muito agradável e gentil. "O que está acontecendo?", pensei. "Ela é uma pessoa simpática. Por que não me ofereceu um biscoito?" Desanimada e sem nenhum biscoito, baixei a cabeça e saí devagarinho.

É até engraçado esse incidente com biscoitos ter acontecido comigo, pois em seus livros e palestras de Dharma, Thây já usou biscoitos como exemplo para esclarecer o ensinamento do não eu. Thich Nhat Hanh descreve como, para fazer biscoitos, precisamos de um conjunto de coisas que "não são biscoito": farinha, açúcar, manteiga etc. Então, quando juntamos todos esses ingredientes para formar uma massa, criamos uma coisa que é diferente de cada item individualmente. Fazemos a massa de biscoito com coisas que não são massa de biscoito. E então, para assar os biscoitos, essa massa que antes formara um todo é separada numa assadeira. É uma ótima imagem. Todos os biscoitos assados acabam ficando ligeiramente diferentes uns dos outros em tamanho e forma. Thây sugere com humor que, se um biscoito se achasse melhor que outro por causa de sua forma ou cor exclusiva, seria péssimo para ele. Mas nós, seres humanos, fazemos isto com frequência: discriminamos com rapidez e facilidade nossos companheiros de condição humana, biscoitos assados que somos nós. Esquecemos que, em essência, todos nós somos um, só que funcionamos em diferentes formas, tamanhos e cores. Somos biscoitos diferentes feitos da mesma massa.

De volta ao quarto, decepcionada com a esnobada que me deu a mestra biscoiteira, lembro-me de outra coisa. Essa mestra biscoiteira costuma frequentar as aulas de yoga gratuitas que venho dando aqui no mosteiro.

Lembrar disso me deixa um pouco triste. Será que ela esqueceu? Ou não ligou as duas pessoas? Reflito e percebo que, às vezes, eu também faço isso na vida. Não estabeleço relação entre as coisas. Já houve momentos em que me esqueci de que a graça vem de todas as direções e, assim, devemos ser tão generosos quanto possível.

Esta noite, estou na cama lendo o Sutra do Diamante em *The Diamond That Cuts Through Illusion*, de Thich Nhat Hanh, que coincidentemente é o atual tema de estudo do monge que é sósia de Willem Dafoe:

Estamos empenhados em colocar a tecnologia a serviço de uma vida melhor para nós e, para isso, exploramos os elementos não humanos, como as florestas, os rios e os oceanos. Mas, poluindo e destruindo a natureza, estamos também poluindo e destruindo a nós mesmos. Os resultados da discriminação entre o humano e o não humano são o aquecimento global, a poluição e o surgimento de muitas doenças estranhas. Para proteger-nos, precisamos proteger os elementos não humanos. Essa compreensão fundamental é necessária se quisermos proteger nosso planeta e nós mesmos.

Quando fecho o livro que corta a ilusão, meu mal-estar cede.

⁓ Dia 35 ⁓

Espaço:
O dia em que olhei entre os galhos da árvore

Cada momento de luz ou treva é para mim um milagre,
Milagre cada centímetro cúbico de espaço,
Cada metro quadrado da superfície da Terra por milagre se estende,
Cada metro do interior está apinhado de milagres.
— WALT WHITMAN, "MILAGRES"

É um dia frio e seco de inverno, e caminho entre as ameixeiras do jardim da Nova Aldeola. Os galhos nus e cinzentos das árvores estão iguais ao que têm sido sempre nestes 34 dias. Mas então paro de caminhar e observo uma das árvores. Meus olhos mudam de foco para os espaços abertos entre os braços dessas árvores que, há pouco tempo, estavam carregados de frutas e folhas. Minha atenção passeia entre os próprios galhos e o rico espaço que os cerca. Faço isso várias vezes. Meus olhos se fecham e há apenas claridade. O espaço me *segura*. Sou contida pelo espaço. Estou vivenciando o *espaço*, e não a *matéria* que há no espaço. O espaço me cerca e o espaço também está dentro de mim.

Vazio é forma. Forma é vazio.

– De THICH NHAT HANH
THE HEART OF UNDERSTANDING

Penso novamente nos dois copos que Thây usou para ajudar-nos a entender o ensinamento do Buda sobre o vazio: um dos copos tem chá e o outro, não. O segundo copo está vazio de chá, mas não de ar. Procuro lembrar-me que, para estar vazio ou não, o copo precisa estar lá. O vazio não significa a não existência. O vazio do copo não significa a não existência desse copo. O copo está lá, mas está vazio. Eu estou aqui, mas estou vazia. "Vazia de quê?" Acho que Thây sabe: "Estou vazia de uma existência à parte". Sou feita de cosmo e estou ligada a tudo que há nele. Sou o espaço, e o espaço sou eu.

O monge que é sósia de Willem Dafoe está do outro lado do gramado, sua familiar cabeça monástica se destaca das demais. Caminho até ele e o cumprimento. Como de hábito, temos juntos a mesma presença fácil e gratificante. Pergunto-lhe como vai. Acontece que, assim como eu, meu Irmão favorito passara mal com uma gripe forte. Hoje, ambos estamos nos sentindo melhor. Pergunto se posso tirar uma foto dele. Ele responde que sim. Digo que lhe darei uma cópia para a família. Sem nenhuma emoção discernível, o monge diz que o pai não gosta de vê-lo de cabeça raspada. Caminhamos pelo jardim em direção ao bambuzal. A densa folhagem emoldura nitidamente a cabeça raspada do monge. Verde-jade é o pano de fundo perfeito para vestes em tons de terra. O monge parece feliz e satisfeito. Por que o pai dele não vê o que eu vejo?

Aqui na Vila das Ameixeiras, os monges e as monjas se chamam de "meu Irmão" ou "minha Irmã". Se quiserem fazer a distinção entre um companheiro de mosteiro e um irmão ou irmã biológicos, eles dizem: "meu irmão de sangue" ou "minha irmã de sangue". Após voltar para casa, fiquei muito comovida ao receber um e-mail da Irmã Pinho com a saudação: "Querida irmã Mary", pois não sou sua irmã nem de sangue nem monástica. Meu Irmão agora diz que precisamos tirar logo a foto, pois ele precisa sair em breve para buscar alguns visitantes na estação de trem. Essa é sua tarefa habitual.

O monge que tem doutorado em engenharia elétrica é dublê de motorista. Pergunto-me se ele não estará um pouco aborrecido com essa tarefa, e pergunto-lhe se ele não sente falta do estímulo de sua antiga atividade no mundo real. Meu Irmão me diz que pode passar uma semana inteira lendo e relendo o mesmo sutra budista. Esta semana ele está relendo o Sutra do Diamante. Dizem que o estudo e a prática regulares desse sutra ajudam a cortar aflições, ignorância, engano e ilusão. Faço uma pausa. Os ensinamentos esotéricos do Buda são brilhantes. Evidentemente, esse dedicado praticante teria muito com que estimular a mente. Observo o monge que tem doutorado ir embora. Foi à estação buscar mais peregrinos.

Novamente sozinha em companhia das árvores sagradas, vejo seus galhos de madeira moverem-se levemente ao vento fraco. É como se a vastidão do espaço estivesse me chamando. "Nos espaços entre as linhas dos sutras sagrados há lições, assim como entre os galhos dessas árvores", penso. Lembro-me de algumas linhas dos ensinamentos taoistas: "Martelamos madeira para fazer uma casa, mas é o espaço interior que a torna habitável". Olho para os edifícios da Nova Aldeola do alto do morro em que me encontro. São casas de fazenda muito sólidas, construídas com pedras e transformadas em templos reverentes do Buda e lares para seus praticantes.

"O espaço interno desses edifícios transforma as pessoas", constato. O espaço interior é onde todas as coisas boas acontecem. Penso em mais duas linhas do Tao: "Trabalhamos com o ser, mas o não ser é o que usamos". Outra mudança ocorre.

෨ඓ ඓ෨

Somos todos seguros pelo espaço, mas isso não está em nosso consciente. Muitos sábios e santos comparam esse nosso vasto espaço aberto e silencioso ao "útero da criação". Esse espaço contém inteligência; é uma inteligência. Inspiro plena e profundamente e volto o rosto para o azul acima. No instante seguinte, baixo a cabeça e faço uma reverência. Mais uma vez, levanto os olhos para o céu azul-celeste. A expiração leva minha cabeça para baixo, e minhas mãos tocam a umidade da terra. Na inspiração seguinte, eu ascendo. O espaço à minha volta parece denso e rico. Ele sempre foi assim, mas agora eu sinto isso. A expiração seguinte leva a verdade mais fundo. Um sábio sussurro lembra-me de ser reverente diante da natureza que me cerca.

E assim continuo a subir e reverenciar, subir e reverenciar, subir e reverenciar. Tudo cai, exceto minha ligação com o espaço. Balanço os braços pelo ar, e minha liberdade cresce com meus membros. Há sabedoria neste espaço. Refugiei-me em meu eu e no espaço. O que está dentro é o mesmo que está fora de mim. Refugiar-me dentro de mim é o mesmo que refugiar-me no espaço aberto e universal. Vejo isso claramente agora. Não tenho nada com que me preocupar. Abandono-me e me alinho com a inteligência do espaço.

"O que reverencia e o que é reverenciado são ambos, por sua natureza, vazios."

Quando disse isso hoje, Thây estava explicando que, se não tivermos a real experiência do vazio, e não apenas a compreensão intelectual ou mesmo a aceitação do vazio, nenhuma comunicação será possível. O mestre zen frisou que a *verdadeira* comunicação só é possível entre você e o Buda, ou entre você e a árvore, entre você e alguém ou alguma coisa quando você sabe que tanto você quanto o outro são feitos unicamente de coisas que vocês "não são".

O que é uma árvore? Ela é água, casca, folhas, raízes, tempo, luz solar, os minerais da terra, a semente de que ela cresceu, as mãos do jardineiro, etc. Então, o que é uma árvore? É simplesmente um aglomerado de coisas que "não são".

Lembro-me mais uma vez que, como a árvore, eu simplesmente sou feita de coisas que não são eu. Portanto, sou vazia de um eu à parte, mas cheia do universo como um todo, assim como o Buda é vazio de um eu à parte, mas cheio do universo como um todo. Você é vazio de um eu à parte, mas cheio do universo como um todo. Todos nós estamos profundamente ligados.

Faço outra reverência.

Quando entende o não eu, você transcende os complexos de superioridade, inferioridade e até igualdade. E só então pode comunicar-se com — reverenciar — a árvore, o Buda ou alguém ou alguma coisa. Thich Nhat Hanh ressalta que, antes dessa constatação, não é possível reverenciar verdadeiramente o Buda. Ele disse: "Se achar que o Buda é algo fora de você, você estará errado. *Ser* significa *inter-ser* com tudo".

⚬⚬⚬

Em geral me apego tão tolamente a meu corpo, meus pensamentos e minhas emoções atrozes que não me comunico com a sábia vastidão do espaço dentro de mim ou à minha volta, nem lhe presto atenção. Minha vida não pode caber numa pequena caixa, mas às vezes eu ajo como se pudesse.

Ainda estou no alto do morro de grama verde que há no terreno da Nova Aldeola, entre meus mestres, os galhos das ameixeiras. Não sei por quanto tempo fiz reverências, mas o céu escureceu. Enquanto desço o morro, lembro de algo que Thây nos disse ontem. No Vietnã, as pessoas chamam seus parceiros de *Nha toi*, que significa "minha Casa". "No Vietnã, quando alguém vai a sua casa procurar sua mulher, o que de fato lhe pergunta é: 'Sua Casa está em casa?' E se ela estiver, você pode dizer com alegria: 'Sim, minha Casa está em casa'." Thây disse que todos nós temos esse profundo desejo de ter um Lar e que temos sorte se pudermos encontrá-lo, não apenas com um parceiro, mas também com uma prática espiritual e uma comunidade.

Passamos a vida inteira procurando nosso Lar, mas ele está bem aqui: no Buda (o antigo e sábio profeta), no Dharma (os ensinamentos espirituais) e na Sangha (a comunidade de pessoas afins de que nos cercamos). Esses três lugares são nossos Lares. Thich Nhat Hanh lembrou-nos de que a respiração com atenção plena nos põe em contato com esses três refúgios. E bondosamente disse o seguinte: "Como sua respiração é parte de você, você pode tocar-se na inspiração. Muitos de nós não sabemos onde fica nosso próprio eu. A inspiração o leva aonde suas células e suas raízes estão. Então seu verdadeiro Lar o preencherá".

Minha respiração está me levando para meu Lar.

➤ Dia 36 ➤

Transformação:
Um monge de 84 anos se torna
uma criança de 5

Se as portas da percepção estivessem desobstruídas,
Tudo pareceria ao homem como é: infinito.
— WILLIAM BLAKE,
O CASAMENTO DO CÉU E DO INFERNO

A manhã está chegando ao fim, o céu está azul-claro e eu caminho. Perto, duas monjas sorridentes passeiam de mãos dadas. Puro afeto flutua na brisa. As Irmãs budistas movem-se como se fossem um único *ser*.

Atento... para as ameixeiras, as videiras adormecidas, os girassóis amarelos a ponto de transformar-se e as Irmãs amorosas caminhando por tudo isso. Tudo está vivendo, morrendo e renascendo, de uma só vez. Com cuidado, ponho um pé na terra úmida. Uma folha dourada jaz amarrotada na parte da frente de minha bota. Logo, a folha morta se tornará a terra e alimentará a mesma árvore a que pertenceu, esta árvore aqui à minha frente.

E, após algum tempo, outro broto surgirá da árvore e se tornará outra folha. A folha está na folha.

Hoje estou "pondo a mente na sola do pé", como aconselha Thây.

Thây está conduzindo a caminhada de atenção plena. Sua presença aguçou minha concentração. Após caminhar algum tempo, Thây pausa, e todos o imitam. Um eclético grupo de cerca de duzentos monges, monjas, homens, mulheres e algumas crianças agora cerca um tranquilo tanque de lótus brancos de raízes ocultas na lama que é tão essencial à sua beleza. Cada uma das quatro Aldeolas da Vila das Ameixeiras tem um tanque de lótus sagrados. Eles são um lembrete do *inter-ser* do sofrimento e da alegria, da necessidade da lama penosa na criação da felicidade. Como ficamos em volta do tanque, tenho uma boa visão de Thây, mesmo estando longe da frente. Em dois movimentos distintos, o monge dirige o olhar para mim e acena. Nunca vi Thich Nhat Hanh acenar antes, muito menos durante uma caminhada de atenção plena. E com essa mão no ar, o ser místico se transforma numa criança de 5 anos de idade. Num momento mágico que dobra o tempo, Thây não é um monge de 84 anos. Seu rosto é inquestionavelmente o de anjinho. Vejo perfeitamente a alma atemporal de Thây. Quando me dou conta, estou instintivamente repetindo seu movimento para ele e, quando aceno, eu também me transformo na prístina Mary aos 5 anos. O monge e eu somos dois seres de 5 anos juntos além do tempo. Tudo acontece em alguns segundos.

Talvez essa mudança em minha consciência esteja acontecendo simplesmente porque estou nesta jornada há 36 dias, em meio a vinhas, morros e campos que se cobrem de gigantescos girassóis amarelos no verão. A natureza e seus ritmos estão me despertando de meu sono. Ou talvez seja porque, hoje mais cedo, Thich Nhat Hanh disse "Quando caminhar pela mãe terra, você deve fazer isso com reverência. Você está caminhando em sua mãe". Ou talvez se deva ao aguçamento de minha sensibilidade, estimulado por dias de contemplação muda com meus Irmãos e Irmãs. Qualquer que seja a causa, a criança feliz que há dentro de mim — a inocente que ama a vida — está aqui agora.

Dentro, fora
Profundo, lento
Calma, facilidade
Sorriso, liberação
Momento presente, maravilhoso momento

Thich Nhat Hanh sugere repetir em silêncio esse poema seu durante a meditação caminhando, a fim de aumentar o poder de cura da caminhada atenta. Experimento isso agora, enquanto caminho perto das Irmãs felicíssimas de braços dados. Concentro-me no fato de estar respirando quando inspiro e mentalmente faço vibrar o som "dentro". Ao mesmo tempo, piso firme com o pé direito na terra. Algo acontece. Minha mente e meu pé estão agindo em conjunto. Piso com o pé esquerdo, e o som "fora" vibra em minha mente. Minha conscientização do uníssono se intensifica. O par "profundo"/"lento" provoca o mesmo efeito. Minha respiração se enche de vida e meu corpo, o corpo que sempre quer ir mais rápido nessas caminhadas de atenção plena, se transforma numa forma lânguida, deliberada. "Calma" e "facilidade" permeiam tudo isso quando um sorriso ilumina-me o rosto e libera a tensão de meu corpo. Em apenas alguns instantes, todo o meu ser se maravilha.

No momento presente.

Agora vejo Vanna, a deflagradora de minhas sementes negativas, do outro lado do campo verde e, por um instante, sou arrancada do maravilhoso estado de facilidade em que me encontrava. Sua visão agita a lembrança da ostensiva ridicularização de que fui alvo apenas por ajudá-la a comunicar-se com uma Irmã francesa. Continuo sem entender o que aconteceu. Mas lá está ela de novo, entre minhas amigas, as árvores. Eu tentei desanuviar os ânimos com Vanna uma vez depois desse episódio, mas desisti exasperada. Só consegui ver nela uma pessoa arrogante que não tinha a menor intenção de se desculpar.

Agora meu amigo irlandês Aidan me vem à mente. Lembro-me da caminhada que fizemos juntos e das dificuldades que tivera com a mulher. Penso em sua impressionante capacidade de abraçar imediatamente as emoções negativas, assim que elas vinham à tona, com compaixão e compreensão. O exame profundo de Aidan promovera a compaixão dentro e fora dele, também para com a mulher. Com a lucidez da percepção, Aidan soube o que fazer, como relacionar-se sabiamente com seus difíceis sentimentos e relacionamentos.

Olho deliberadamente para Vanna. O ressentimento surge instantaneamente. Deixo que essa emoção permaneça. Respiro e abraço esse terrível sentimento com uma espécie de conscientização. Não o afugento. E começo a ter o que poderia descrever como uma percepção enriquecida de meu ressentimento. Entendo *por que* me sinto incomodada por Vanna. Ninguém gosta de ser ridicularizado, e ela fez isso comigo. Aceito isso plenamente. Em seguida, surge uma sensação de compaixão que me desarma um pouco. Estou caminhando por tudo isso, na grama molhada com as monjas felizes. Estou abraçando minhas emoções difíceis e envolvendo-as com minha atenção plena. Mais passos. Mais inspirações. Mais compreensão. A tensão se rompe, primeiro em minha mente e depois em meu corpo. Mais passos. Mais inspirações. Mais luz. A compaixão flui para meu eu. E então, sem dificuldade, eu me expando para fora. Pergunto-me que tipo de vida Vanna teve. Minha compaixão se volta para ela e sai de mim, como dois longos braços de luz estendendo-se por sobre o gramado para envolver as trevas. E então eu descubro o que devo fazer.

Se pudéssemos ler a história secreta de nossos inimigos, encontraríamos na vida de cada um tristeza e sofrimento suficientes para desarmar toda a hostilidade.

— HENRY WADSWORTH LONGFELLOW

Meus olhos estão de volta à aura tranquila e poderosa de Thây enquanto ele caminha em direção à residência da Nova Aldeola. A segurança, a graça e a humildade inteligente são raios brilhantes que emanam de seu corpo em movimento. O monge pausa para admirar uma árvore. Pergunto-me o que ele está pensando, o que vê na árvore.

Ouvi outros peregrinos contarem experiências transcendentes diversas que tiveram envolvendo Thây. Uma mulher relatou um momento em que, por alguns instantes, ficou a sós com Thây na cozinha enquanto ele entrou nesse cômodo. Essa seria uma ocorrência extremamente incomum. A abençoada peregrina então foi alvo de uma respeitosa reverência do monge transcendente, o que quase a fez desmaiar de euforia.

Não contei a ninguém sobre a minha transformação e a do monge no que éramos quando tínhamos 5 anos de idade até escrever isto agora. Encontrei meu eremita.

⁓ Dia 37 ⁓

Trabalho:
A advogada que se tornou monja

Ore como se tudo dependesse de Deus.
Trabalhe como se tudo dependesse de você.
— SANTO AGOSTINHO

O jantar acaba de terminar, e agora estou sentada na sala da frente da Nova Aldeola com a Irmã Pinho. A monja norte-americana é muita mais alta que todas as suas Irmãs daqui, e sua presença é tão marcante quanto sua altura. Um ar confiante e inteligente a cerca. Na primeira vez em que vi a Irmã Pinho, cujo nome implicitamente significa Frescor Duradouro, me senti ao mesmo tempo atraída e intimidada por ela até ver que sua segurança carregava consigo uma sábia humildade e graça. A Irmã Pinho não é como os monges reservados. Ela parece extremamente intrépida. Acontece que essa monja da Vila das Ameixeiras de nome perene, que "é verde mesmo no inverno", era uma advogada que defendia os direitos dos animais quando vivia nos Estados Unidos. Imagino que fosse tão justa no mundo real quanto é em sua adorada comunidade de companheiros budistas. Admiro a budista que já foi advogada e fico curiosa acerca do que levou esta cativante monja a optar por uma vida tão diferente, num país tão distante do seu. Peço à Irmã Pinho que me conte sua história. Ela diz sem hesitar: "Em última análise, ser uma monja ajuda o mundo ainda mais do que ser uma boa advogada".

Antes de sua ordenação, a Irmã Pinho foi praticante leiga com Thich Nhat Hanh por muitos anos. Durante esse tempo, ela descobriu qual era sua maior felicidade e por fim voltara para fazer os votos e viver em tempo integral na Vila das Ameixeiras. "Mas você não sente falta de seu trabalho?", pergunto. "Estava fazendo tantas coisas boas no mundo!" Ela responde facilmente que não sente falta de sua anterior ocupação e que gosta de ver os esforços que faz como monja transformarem tanta gente. "Mas você não sente falta de ter um parceiro?", pressiono. Ela fora casada e tivera um parceiro até poucos anos antes da ordenação. Pergunto se ela não sente falta de um ser amado, uma vida íntima. Ela me informa, mais uma vez, que agora tem tempo para gerar amor incondicional por todos os seres. Estudo seu rosto. Fico convencida.

A monja vive nos fogos do espírito.

— ANNIE DILLARD, *HOLY THE FIRM*

Ela fala de um jeito que parece muito simples, mas eu sei que não é fácil. As Irmãs deste mosteiro francês são completamente dedicadas a seu trabalho e sua prática. E há muitas horas de prática espiritual e tarefas necessárias a cumprir todos os dias. Já falei de sua falta de uma verdadeira privacidade? Gente de todos os tipos entra e sai regularmente do mosteiro, que é o lar dessas monjas, e seus braços se abrem para receber esses visitantes. Tento imaginar como seria ter um rodízio constante de hóspedes em casa. Não consigo. As Irmãs sempre têm uma companheira de quarto e dormem em camas de madeira, sem colchão. Banheira, nem pensar. E depois, claro, há a questão do celibato.

Digo à Irmã Pinho que ela tem coragem. Ela me diz que tem sorte.

⋙⋘

No fim de meu primeiro retiro de meditação budista Vipassana, no ano 2000, conversei com um jovem que acabara se inscrevendo nesse mesmo curso por insistência da namorada. Naquele momento, no fim de um programa de dez dias no alto das gloriosas montanhas do Himalaia, cada célula de meu corpo estava pulando de felicidade. Em minha euforia, fui até aquele moreno de cabelo encaracolado de 20 e poucos anos perguntar como ele estava se sentindo, achando, é claro, que ele estaria tão exultante de alegria quanto eu. Mas ele não estava. Jamais esquecerei o que ele disse. Meu companheiro de meditação olhou-me diretamente nos olhos e disse que tinha a sensação de que sua mente era uma imensa lixeira cheia de porcaria e podridão e que o ato de meditar abrira a tampa daquela bagunça sórdida que era sua mente. À medida que continuara a praticar a meditação, esse neófito começou a despejar o lixo, mas "tendo como instrumento apenas o menor dos palitos", foi o que me disse.

Ao ouvir o relato de meu companheiro de viagem, saltei de meu êxtase pós-meditativo para ver um rosto cheio de aflição mental. Aquele jovem era um engenheiro que projetava rifles, revólveres e todo tipo de munição, e que gostava muito de sua profissão. Ele afirmou que, nos momentos de tédio ao longo das meditações, se distraía criando mentalmente projetos de novas armas. Alguns dias após o início do retiro, certa noite houve um discurso a respeito do princípio budista do Trabalho Correto, um ensinamento que estipula que nosso trabalho deve afetar positivamente os seres vivos, a comunidade e o ambiente. Ao ouvir isso, o jovem ficara desanimado e deprimido. Era a primeira vez que o rapaz analisava mais profundamente a natureza destrutiva de sua profissão e ficara chocado. Porém, ao mesmo tempo, a prática da meditação o estava fortalecendo cada vez mais e, no fim do curso, ele me disse imaginar para si um novo começo, um futuro sem revólveres, no qual ele pudesse não apenas deter a destruição, mas também contribuir para o bem-estar de todas as formas de vida.

ಿ

Enquanto continuo a conversar com a Irmã Pinho num cantinho aconchegante da sala da frente da Nova Aldeola, cada uma com uma caneca de chá de gengibre quente na mão, sou levada a me lembrar do princípio budista do Trabalho Correto e da responsabilidade. A monja norte-americana tem o tipo de mente que eu adoro: penetrante, compassiva e ativa, cheia de ideias e possíveis soluções para problemas difíceis. Agora me ocorre que ela poderia ter algum conselho para um familiar meu que está em apuros. E, de fato, ela propõe várias soluções inovadoras à minha consulta.

Ficamos em silêncio. Reflito sobre o fato de certas pessoas deixarem de fazer um bom trabalho para dedicar-se a outro tipo de bom trabalho: a advogada que luta pelos direitos dos animais se torna uma monja. Lembro-me que também há pessoas que despertam para o impacto destrutivo de seu trabalho no mundo e resolvem mudar: é o caso do engenheiro de armas que descobre na Índia os poderes transformadores da meditação. No ano 2000, no topo de uma montanha sagrada e muito alta, um homem transformado me disse que um curso de meditação budista no Himalaia mudara completamente sua vida. O construtor de armas disse, tantos anos atrás, que pretendia abandonar seu trabalho. Parar de vez. O engenheiro de armas que virara praticante de meditação budista desenvolvera um novo tipo de respeito e reverência por todos os seres vivos do mundo. Aleluia.

৵৹৫ ৩৵৹

As coisas más, não as faça.
As coisas boas, procure fazê-las.
Procure purificar, dominar sua própria mente.
Esse é o ensinamento de todos os budas.

— TRADUÇÃO DO *DHAMMAPADA* CHINÊS, DO LIVRO *THE ART OF POWER*, DE THICH NHAT HANH

Hoje mais cedo, no mosteiro, Thây fizera a todos a seguinte pergunta: "O que você está fazendo?" Em seguida, afirmou que essa pergunta simples é a única que precisamos nos fazer para ter certeza de estar profundamente engajados em nossa vida.

Desejo boa-noite à Irmã Pinho e volto ao refeitório. Após tornar a encher minha caneca de chá de gengibre, sento-me perto da lareira. Reflito sobre a palestra que Thây fez esta manhã.

Quando escrever, saiba que está escrevendo e pense nas pessoas que ajudará com o que está escrevendo. Espere que os que lerem seu trabalho tenham vidas mais felizes. O mesmo deve ser feito em todos os trabalhos. Faça seu trabalho com atenção plena, com amor por todas as pessoas. Faça isso perguntando a si mesmo: "O que estou fazendo?" Assim, você poderá produzir um milagre.

No fim do dia, subindo as escadas para meu quarto, sinto crescer minha afeição pela Irmã de Frescor Duradouro, a ex-defensora dos direitos dos animais que queria fazer ainda *mais* bem no mundo e, assim, se tornou monja. E me lembro do criador de revólveres do Himalaia, que conheci tantos anos atrás naquele retiro de meditação, e penso: "Independentemente do que ele esteja fazendo agora, há menos uma mente brilhante no mundo imaginando a última novidade em termos de rifles".

~ Dia 38 ~

Gratidão:
O que uma simples semente de romã me ensinou

Levantemo-nos e agradeçamos, pois se hoje não tivermos aprendido muito, pelo menos aprendemos um pouco, e se não tivermos aprendido um pouco, pelo menos não caímos doentes, e se tivermos caído doentes, pelo menos não morremos. Portanto, agradeçamos todos.

— O BUDA

Se você nunca participou de um almoço formal num mosteiro, não faz ideia do que é realmente ser paciente.

Todas as refeições comuns são feitas no refeitório, mas os almoços formais ocorrem no Salão do Buda. O almoço formal é assim: todos fazem fila à mesa do bufê, como sempre, na área do refeitório, só que, em vez de os primeiros da fila se servirem antes, os monges e monjas mais velhos vão para a frente, seguidos dos mais jovens e, por fim, os praticantes leigos. Uma por uma, cada pessoa põe um pouco de comida em sua tigela e vai silenciosamente para o Salão do Buda. Lá, os monges e os homens sentam-se num lado, e as monjas e as mulheres, no outro. Os sexos são reverentemente separados nesse ritual budista. Ambos os grupos ficam voltados para o centro do salão.

Como hoje é um dia formalmente dedicado à atenção plena, agora caminho em silêncio com minha tigela para o Salão do Buda da Aldeola de Cima. Mais ou menos metade do salão já foi ocupada quando chego e sento-me em um dos lugares do lado feminino. Seria possível ouvir um alfinete cair. Defronte de mim vários monges sentam-se pacientemente em fileiras certinhas de colchonetes azuis, com as pernas dobradas, costas eretas e serenidade, as vestes marrons graciosamente dobradas em torno dos joelhos. De algum modo, o resto de nós parece um tanto esquisito. "Essas vestes são bem mais fáceis de dobrar que nossas roupas", concluo. E as cabeças raspadas sempre parecem tão limpas, sem cabelos desarrumados caindo pelos ombros. As tigelas monásticas estão pousadas diante dessas pacíficas criaturas com igual reverência. Após a ordenação, os monges recebem uma tigela própria, que devem usar às refeições daí em diante. Essa tigela especial também tem um simbolismo espiritual: ela representa a disposição do monge de aceitar o que quer que seja posto ali, física ou espiritualmente. Dizem que os monges refletem profundamente sobre a relevância pessoal desse símbolo de aceitação, a tigela do monge. Em algumas tradições budistas, graças a seu treinamento, os monges veem sua tigela como A Casa do Tesouro do Olho do Verdadeiro Ensinamento que é o Maravilhoso Coração do Nirvana. Nunca ouvi uma descrição mais bela de um simples recipiente para alimentos.

Aqui no salão em que reina a bravura do Buda, com minha Casa do Tesouro ao colo, estou joelho a joelho com minhas vizinhas, esperando a chegada de todos. Como há algumas centenas de nós aqui na Vila das

Ameixeiras, ainda serão mais uns quarenta minutos até que todos se sentem. Durante a espera, oscilo entre olhar os muitos rostos semelhantes ao Buda diante de mim e fechar os olhos e concentrar-me na respiração.

Hoje no mosteiro, estou aprendendo a arte de comer com atenção plena, que funciona com base na capacidade de suportar a espera, para dizer o mínimo. Não se ouve nem um pio no salão. Vejo o monge que é sósia de Willem Dafoe sentado reverentemente, com seu ar penetrante e lúcido de sempre. Agora olho para a primeira fileira, a dos monges mais velhos. Eles sentam-se com confiança, como os resistentes Budas que se tornaram. Na fileira seguinte estão monges menos idosos, exsudando graus variáveis de segurança. Os monges adolescentes, brincalhões, relaxam nas últimas fileiras e parecem ter vindo direto de uma partida de futebol (o que é bem possível). Um por um, os rostos familiares de meus amigos encontram seus lugares ao lado dos monges. Olho furtivamente para todos, pois encará-los ostensivamente não seria apropriado. Meu peregrino e chefe de cozinha favorito, Stuart, o escocês, entra seguido de Gustavo, o homem mais delicado e carinhoso que já existiu. Comecei a gostar dele como de um irmão perfeito. Sinto uma pontada de culpa. Enquanto estivera evitando a reunião dos amigos leigos naquele infame dia da conspiração para esconder minha companheira de peregrinação Helena dos monges inocentes, meu atencioso irmão substituto ficara preocupadíssimo comigo, pensando que eu estava doente ou tinha ido embora do mosteiro. Quando Gustavo me contou isso depois, fiquei duplamente envergonhada de meu comportamento descuidado. Em seguida, vem o meigo e complexo terra-novense que cantou a canção celta no dia em que cozinhei com os rapazes. Seguem-se vários outros homens, todos os quais evocam em mim um determinado sentimento ou pensamento.

Minha Casa do tesouro ainda está no colo. Minhas vizinhas não estão dentro de meu campo de visão e não posso continuar encarando os monges e os homens e imaginando suas histórias, então reflito sobre esse ato cotidiano de consumir alimentos. Concentro-me no som e na sensação de minha respiração e em silêncio repito o mantra "Inspirando, sei que estou inspirando. Expirando, sei que estou expirando". O direcionamento da atenção acalma o remoinho de meus pensamentos. Não é preciso muito tempo para alterar o estado em que estamos por meio de mantras e concentração na respiração, mas às vezes me surpreendo com a rapidez com que acontece. Abro os olhos e fito o sagrado alimento que está dentro desta tigela de divino simbolismo. Uma infinidade de cores vivas salta imediatamente: a comida resplandece. Mas o que mais me impressiona são as deslumbrantes sementes de romã embebidas de carmesim. É como se elas estivessem me dizendo: "Olhe para nós, veja como somos maravilhosas". Fico absorta na beleza de simples sementes vermelhas. Uma indescritível alegria se agita dentro de mim.

Nesse estado de imersão, encontrei meu Lar e a mim mesma. Thây regularmente nos lembra de que "pensar pode nos levar a nos perder". Por meio da conscientização atenta da respiração, unimos o corpo e a mente, e nos estabelecemos no aqui e agora. Estar firme no momento presente é a única maneira de ver o que realmente está lá. É por isso que posso ver a semente de romã hoje. Na palestra desta manhã, Thây explicou melhor o uso dessa prática para nos estabilizar em todas as situações, especialmente as mais difíceis. Se, por exemplo, nos sentirmos perdidos devido a um evento ou emoção turbulentos, devemos "fechar as seis portas dos sentidos" de nossos olhos, ouvidos, nariz, língua, corpo e mente para nos acalmar e promover a lucidez. Conforme a descrição do monge, é "como uma casa com várias janelas e portas; se abrirmos todas quando o vento estiver forte, ele soprará tudo pelos ares. Voltar ao Lar é como fechar as janelas e portas para que o vento não entre. E então, quando nos sentirmos seguros, poderemos abrir com cuidado uma janela para ver o que está acontecendo lá fora".

Nos ensinamentos do islã, diz-se que o coração se ilumina por quarenta dias quando se come uma romã.

Nhat Hanh significa "uma ação de cada vez". Agraciado por seu mestre com esse nome enganadoramente simples, Thich Nhat Hanh esforçou-se para dominar esse difícil foco durante toda a vida. Agora, aqui, estou prestes a fazer uma coisa de cada vez, com o máximo de concentração que puder. Isso é o Thây vem tentando nos ensinar dia após dia. Atenção plena. O que você está fazendo? Entregue-se inteiramente. O que há? Qual é a realidade do momento? Estas sementes de romã que estou prestes a ingerir com atenção plena acabam de ser realmente *vistas* por mim pela segunda vez na vida, mesmo que há muitos anos eu adore e coma essa fruta suculenta. Numa de minhas lembranças de infância delicio-me ao provar da exótica romã pela primeira vez aos 8 anos de idade, quando morava em Windsor, Ontário. Essa lembrança agora se funde a este momento aqui, enquanto me maravilho diante do milagre que é uma romã. Todos os elementos do mundo criaram essa fruta maravilhosa. A terra, a água, o sol, o ar e diversos minerais contribuíram para o nascimento da romã, sem falar nos fazendeiros e vendedores dos mercados. Todo o cosmo está na romã. Neste momento vital de conhecimento, vejo a verdadeira romã.

Uma romã não é uma romã. É por isso que ela é uma verdadeira romã.

⁂

Thây soltou esta pérola de sabedoria inúmeras vezes: "Você precisa reconhecer o que está bem à sua frente agora". E quando fizer isso, você ficará grato. A gratidão budista envolve a conscientização do agradecimento a nossos pais, por nos dar o corpo, a nossos professores, por nos dar orientação, e a nossos amigos, por nos dar apoio. Nossa gratidão deve, por fim abarcar todos os seres vivos. Devemos também reverenciar o céu, já que nos protege como um guarda-chuva, e a terra, pois nos sustenta. Quando entendemos que, sem a terra, não temos chão, atingimos a percepção da gratidão por nosso torrão e nos tornamos naturalmente gratos por tudo que nos cerca.

Após o almoço com romã de hoje conheci Chaya, uma judia israelense de uns 30 e poucos anos, que vive na faixa de Gaza. Ela é uma visitante do mosteiro, como eu, mas só ficará aqui uma semana. Esta tarde, nossa nova peregrina junta-se ao grupo para discutir a palestra de Dharma feita por Thich Nhat Hanh esta manhã. Somos cerca de dez, sentados em círculo em cadeiras no ensolarado jardim da Aldeola de Cima, já que a grama está úmida hoje. Chaya obedece ao procedimento de anunciar que vai falar juntando as mãos no coração em posição de prece e fazendo uma leve reverência. As aparências não necessariamente revelam a história de vida. Chaya começa a refletir em voz alta sobre o que a trouxe à Vila das Ameixeiras. Ela conta a todos que participam do grupo de discussão que uma infância de abuso físico implacável deflagrou sua busca de paz. Agora escuto Chaya falar sem rodeios sobre o pavoroso abuso que sofrera durante toda a vida. Não há nenhum vestígio de ressentimento em sua voz. Ao ouvir a trágica história de Chaya, sou abençoada por uma profunda gratidão pelo apoio e amor verdadeiro de meus pais enquanto viveram. Apesar de sua morte, seu amor perdura em mim.

Hoje, cruzei a linha de chegada da maratona que é um almoço formal na tradição zen-budista. É uma façanha considerável. Estou grata. Que todos possamos estar.

❧ Dia 39 ❧

Oração:
O dia em que os monges cantaram

onde eu não existo nem você,
tão perto que sua mão em meu peito é minha mão,
tão perto que seus olhos fecham quando eu adormeço.
— PABLO NERUDA

Nesta 39ª manhã, escrevi uma oração num pedacinho de papel amarelo e o pus no grande pote em forma de sino que fica na entrada do Salão do Buda. Em outros dias, ouvi Thây ler em voz alta essas orações dos peregrinos.

Alguns dias atrás, o monge que é sósia de Willem Dafoe me contou um segredinho. Ele disse que Thây costuma ensinar com os olhos. Ou seja, ele dirige o olhar para várias pessoas, em sincronia com as palavras que cada uma precisa ouvir. Meu amigo e Irmão continuou, citando-me diversos exemplos milagrosos de sua experiência com isso.

Thây risca um fósforo. Levanta a chama e pergunta: "Esta chama sempre esteve aqui?" Depois, pega uma vela e acende o pavio com a chama do fósforo e pergunta: "Esta segunda chama, a da vela, é igual à primeira chama, a do fósforo?" Thây apaga a primeira chama. Os olhos negros e profundos do mestre zen mergulham nos meus. "A primeira chama está *na* segunda?"

Fecho os olhos. A imagem dourada perdura, e sinto minha mãe, a primeira chama, dentro de mim, a segunda. A primeira chama não morreu. Uma imagem da caligrafia de minha mãe me vem à mente. Tenho uma anotação escrita por minha mãe, a qual encontrei em sua carteira depois que ela morreu. Essa anotação está em minha carteira agora.

Não vá ao meu túmulo chorar. Eu não estou lá. Eu não morri.

— MARY FRYE

Eu não choro. Minha mãe está aqui. Minha mãe não morreu. Junto as mãos, e as mãos de minha mãe se entrelaçam nas minhas. Nossos olhos veem nossas mãos em meu colo. A forma das unhas em nossos dedos é o mesmo oval suave. Dedos longos em mãos de bailarina. Minha mão se levanta para tocar minha face. É a mão de minha mãe. E esta mão também está no rosto delicado de minha mãe. Tiro a mão do rosto, e nossas mãos se entrelaçam em meu colo. Estas mãos tocam meu passado. Estas mãos vivem em meu presente. Estas mãos criam meu futuro. Minhas mãos são as mãos de minha mãe. As mãos de minha mãe são as minhas.

Thây volta a falar: "A criatura contém o criador. A filha contém a mãe. Não se pode separá-las".

Quando se reúnem certas condições, nós nos manifestamos. A chama manifestou-se porque Thây riscou o fósforo, fazendo-o pegar fogo. A chama apagou-se porque as condições mudaram: Thây a soprou. Após soprar a chama, ele disse: "Quem morreu na verdade não morreu. Simplesmente evoluiu para uma forma que pode não ser familiar para você". Essa não é uma ideia abstrata. É uma realidade. Então Thây nos perguntou aonde tinham ido nossos eus de 5 anos. E respondeu a essa pergunta dizendo que esse eu simplesmente crescera e se tornara uma mulher ou um homem.

Seu eu de 5 anos prosseguiu até se tornar seu eu adulto agora. Seu eu de 5 anos não é igual a seu eu adulto, mas também não é diferente. O Buda ensinou: "Nem igual nem diferente". Thây então disse: "Temos de transcender a igualdade e a alteridade. Se consegue falar com seu eu de 5 anos de idade, você também consegue comunicar-se com quem você pensa que morreu. Essa pessoa está sempre aqui. Você sempre consegue comunicar-se com ela", disse o monge.

Thây nos deixou com este lembrete: "Sua natureza é a da ausência de nascimento e ausência de morte. A pessoa que você pensa que morreu também é da natureza da ausência de nascimento e ausência de morte. Você está livre de ser e não ser".

⁂

Chegamos ao fim do dia, e Thây pega graciosamente o pote que contém as orações dos peregrinos. Dessa concentração de esperança, o mestre zen pega minha nota amarela e a lê em voz alta: "Querido Thây, querida Sangha, por favor mandem sua energia de cura para meu irmão Iain, que sofre há muitos anos de dores terríveis nas costas devido a uma hérnia de disco. Muito obrigada, Mary". Ouvir minhas palavras na voz de Thây me desperta imediatamente.

Como o condutor de alguma divina orquestra, Thây levanta a mão e uma multidão de monges obedientes de vestes marrons começa a cantar.

O sutra específico é uma recitação dos nomes de cinco Bodhisattvas, seres cuja essência é a iluminação. Dizem que esse cântico é um apelo a esses seres solícitos para que suas orações sejam ouvidas.

Misturando-se às vozes, Thây convida graciosamente um grande sino a dobrar, enquanto um monge igualmente reverente faz soar um sino menor de madeira. Juntos, os sinos criam uma batida hipnótica para acompanhar os monges e as monjas que cantam. Para mim, aqui e agora, a vibração deste som tem um enorme poder de cura. E é um som ascendente e glorioso.

Orações e mantras alteram a consciência. A química do cérebro muda, as emoções entram em equilíbrio, até o sistema imunológico se fortalece. E depois há a natureza repetitiva do cântico e seu efeito vibratório sobre todo o nosso ser. Em nosso mundo, vivemos num oceano virtual de vibrações energéticas. Mesmo os objetos inanimados não são senão um aglomerado de vibrações. A cadeira em que você está sentado está vibrando. Este livro está vibrando. Você está vibrando. Eu estou vibrando. O monge à minha frente está vibrando. Ao cantar, o monge cria e se torna uma vibração sagrada, e os sons vibram dentro de mim. Uma presença inteligente envolve tudo.

Mantra e oração têm um poder misterioso que não pode ser explicado pela lógica.

Thây senta-se facilmente com as pernas dobradas. Sua coluna parece muito mais ereta e jovem que seus 84 anos. Os olhos do mestre zen estão fechados. Com uma mão exímia, ele toca o sino; com a outra, toca a ponta de dedos alternados com a ponta do polegar. Por um instante me pergunto o que exatamente ele está fazendo com essa corrente de som, pois está havendo uma mágica. Fecho os olhos e essa força me atinge. Ela me atinge exatamente no coração, fazendo lágrimas mudas correrem-me pelo rosto.

Estou visualizando Iain, que se dedicou tanto a nosso sofrido pai, e desejando que ele se liberte de sua excruciante dor nas costas.

Enquanto escuto esse impecável coro de Bodhisattvas, sinto novamente a força da comunidade. Estes Irmãos e Irmãs se amam e obtêm apoio e força de sua vida comunitária. Escuto isso em suas vozes que cantam. Antes de cada mantra, pede-se à Sangha da Vila das Ameixeiras e aos peregrinos visitantes que cantem como um corpo, para unificar e tornar real a força na coletividade. "Nossa consciência se nutre de outras consciências." Quando Thây falou, lembrei-me dessa realidade.

Nosso modo de tomar decisões, nossas preferências e antipatias dependem da maneira coletiva de ver as coisas. Num dado momento, perto do início de minha peregrinação, Thây deu o exemplo de alguém que pode não achar bonita uma determinada coisa, como uma pintura. Mas, se muita gente considerar aquela obra de arte bela, aos poucos essa pessoa pode vir a aceitar que lá também há beleza, independentemente de isso ser verdade ou não. Isso ocorre simplesmente porque a consciência individual se compõe do coletivo, e todos nós somos influenciados pelas formas coletivas de ver e pensar. Thây fala da importância de cercar-nos de pessoas que emitam gentileza, compreensão e compaixão, pois somos influenciados pela consciência coletiva o tempo todo.

Uma simpática peregrina holandesa me disse recentemente que, ao voltar para Amsterdã, procuraria pessoas atentas e atenciosas com quem dividir sua morada. Aqui no mosteiro, ela entendeu sua solidão e a importância de inserir-se numa comunidade amorosa.

✤

A última das notas ressonantes do sutra deixou o ar cheio de um dinamismo que levantou os ânimos. Todos que estão no salão parecem ter ganhado vida nova. Agora meus dois irmãos queridos me vêm à mente. Vejo meu pai em meus irmãos. Nosso pai está na forma de suas mãos, na bondade de seus corações e nos valores pelos quais eles vivem. Eu só preciso olhar para eles para ver que meu pai está vivo. Esse é o milagre da oração.

⚘ Dia 40 ⚘

Amor:
Flutuando em uma folha de lótus

Só o amor dá valor a todas as coisas.
— SANTA TERESA DE ÁVILA

Quando tinha 11 anos de idade, fiz Maria na peça da Natividade da igreja presbiteriana do pai de minha melhor amiga, que era filha do ministro. Apesar de ter sido criada num lar católico romano, eu costumava frequentar a escola dominical presbiteriana para ficar com minha melhor amiga, Jean. Fazíamos tudo juntas. Mamãe me deixava na igreja presbiteriana após a nossa família assistir à missa católica. Porém minha melhor amiga não tinha permissão para ir à missa católica comigo. Uma vez, na escola dominical, ao saber que uma garota católica estava perambulando pelo porão da igreja com a filha do ministro, a mãe de uma das crianças que frequentavam a escola abordou-me e perguntou por que eu estava naquela igreja presbiteriana, e não na *minha* igreja católica. Não sei como, mas disse: "Deus está em mim, então posso ir a qualquer lugar". A mulher não me disse mais nem uma palavra depois disso.

Muitos anos depois, percebi que, com suas naturezas inclusivas, não discriminativas e amorosas, meus pais eram os responsáveis por minhas opiniões aos 11 anos.

୬ଓ୧ ୨ଚ୬

É véspera de Natal. O vazio do céu negro do campo se enche de luar, e estou sentada no grande salão de meditação da Nova Aldeola, escutando os monges cantarem "O Come, All Ye Faithful" com o olhar voltado para as estrelas brilhantes que ornamentam os pinheiros de Natal. O inclusivo Thich Nhat Hanh fez seu mosteiro budista ser decorado com adornos tipicamente cristãos. É genial.

O aroma fresco de pinho emana dos quatro pinheiros de Natal que estão neste salão de meditação budista, um para representar cada Aldeola da Vila das Ameixeiras. Atrás deles, luzes multicoloridas iluminam os corredores e janelas. Só uma coisa se destaca em meio aos adornos tradicionais de festas natalinas. Na frente, perto da estátua do Buda, há um pequeno barco de bambu cheio de rosas deslumbrantes de variados tons de rosa. Esse é o único adorno que não é comum no Natal.

Thây desliza até o barco de bambu, ajoelha-se diante dele, examina-o e, voltando-se para todos os que estão aqui reunidos, diz: "Deixem-me dizer-lhes o que é isto. Este é o barco da compreensão. Ele os transportará da praia do sofrimento à praia do amor".

"Pronto, ele o disse. Esse barco cheio de rosas é a imagem que me lembrará de procurar refúgio em meu eu sábio", percebo. Enquanto investigar profundamente, guiada pelos sábios ensinamentos do Buda, despertarei a compreensão e a sabedoria, as chaves para a libertação e uma vida mais feliz. O barco em si representa o ensinamento do Buda. E leva dentro de si as flores — a compreensão e a percepção — que desabrocharão dentro de mim à medida que eu seguir essa orientação sagrada. Imagino-me agora, entre as delicadas flores desse barco de força, remando para uma límpida praia de amor. "Meu esforço me protegerá. Não há ninguém que possa remar meu barco. Sou eu quem tem de fazer isso." Tiro uma foto de Thây ao lado do barco sagrado de rosas cor-de-rosa.

Quando temos compaixão por nós mesmos, podemos estender esse sentimento benevolente a outras pessoas. "Este barco transporta a compreensão, que traz o amor. Sem compreensão, não é possível amar. Seu amor não é *amor verdadeiro*. Quando compreendemos os outros plenamente, nós nos transportamos para a praia da liberdade, do amor e da felicidade." O pacífico monge sorri.

E, novamente, aí é que está. Todos nós estamos interconectados. Estamos todos juntos nisso. A verdade se destaca e assume um significado maior. Amar e compreender o eu é amar e compreender o outro. E ter verdadeira compaixão e compreensão para com o eu é a única maneira de reverenciar igualmente o outro. Mais palavras de Thây me emocionam: "Em uma verdade jazem todas as verdades. Uma coisa abarca todas as demais. Isso se deve ao *inter-ser*. Todas as verdades estão interconectadas, assim como todas as coisas e todos os seres estão ligados no mundo. Portanto, se entender uma verdade, você entenderá todas as verdades".

Neste dia, que é meu 40º, a percepção enche meu ser.

Thây continua a mostrar-nos sua visão do amor. Ele ensina que o amor vive à nossa volta, em toda parte. Ele está nas árvores, no ar, na água e na terra. "Quando entendemos plenamente nossa necessidade de ar fresco para nos manter vivos e saudáveis, criamos um amor profundo pelo oxigênio vital." Thich Nhat Hanh fala em ser amado pelas árvores. É fácil ouvir muita gente declarar amor às árvores, mas quantas vezes você já ouviu alguém dizer que é amado *pelas* árvores?

Na hora do jantar, vou até o gigantesco caldeirão onde está a sopa que passei o dia preparando com a Irmã Ameixa. Ponho a concha no mar de vegetais multicoloridos, e a felicidade me invade. Sento-me ao lado de Stuart, meu amigo escocês e excelente mestre em culinária. Falamos da sopa que alegremente levamos à boca agora. Ele afirma que a mistura de vegetais está deliciosa. Meu coração se aquece. Stuart diz que me dará algumas de suas melhores receitas de sopas para levar para o Canadá. Adoro estar com Stuart. Ele é gentil e autêntico, um espírito de boa-fé. E sempre ouço o sotaque escocês de meu pai na cadência de Edimburgo de Stuart.

As apresentações musicais natalinas começam. Um monge britânico faz deslizar um arco curvo sobre as cordas de um violoncelo. Pergunto a Stuart sobre esse Irmão. Ele diz que o monge violoncelista tocava na sinfônica de Londres. Digo instintivamente: "Ele deveria estar tocando num teatro para que as pessoas pudessem desfrutar desse tremendo dom que ele tem". Os suaves olhos castanhos de Stuart olham os meus enquanto ele diz baixinho: "Bem, você está desfrutando da música dele, não?" Fico desconcertada. Claro que estou. Por que acho que tem alguma diferença? Há centenas de pessoas neste salão desfrutando do exímio dom musical do monge.

Então Stuart pergunta-me sobre os presentes do "Papai Noel oculto". Antes, durante a semana, todos os habitantes do mosteiro e peregrinos visitantes retiraram nomes de um grande pote. O combinado era dar anonimamente um presente à pessoa cujo nome retirássemos. Conto a Stuart quem tirei no "Papai Noel oculto". Stuart conhece a mulher que vai receber meu presente. E me diz que ela está hospedada na Aldeola de Baixo, a quilômetros de distância da Nova Aldeola, a residência em que estou. Stuart revela então que minha "amiga oculta" está prestes a dar à luz e, por isso, teve de deixar a Vila das Ameixeiras antes do início da celebração natalina. O marido virá buscar o presente de sua mulher grávida. Fico de boca aberta.

Com as centenas de pessoas espalhadas pelas quatro aldeolas do mosteiro, eu peguei o nome da única grávida aqui. Meu presente para ela é um livro que trouxe comigo do Canadá, chamado *The Birth House*. Aperto o joelho de Stuart com tanta força que ele solta um grito.

O Natal é um momento propício à nossa reflexão sobre a construção de uma verdadeira família, na qual todos encontrem apoio em todos. Não existe nenhuma distinção entre o amante e o amado. Isso é equanimidade. A equanimidade não é igual à exclusividade. A equanimidade não toma partidos. Ela não discrimina. A equanimidade é igual à inclusão.

A coletividade se compõe de despertares individuais, e estes são contagiantes. Portanto, uma pessoa desperta pode promover o despertar de outras. Tudo sempre começa com você: você deve contar consigo mesmo. As sábias palavras de Thây vibram no ar.

E aí é que está. Eu me ilumino e me fortaleço refugiando-me em mim mesma. Torno-me uma rocha sábia: uma rocha feliz, sábia e sólida. Só então, com mais alegria em minha própria vida, poderei levar a exaltação à vida dos outros. Relembro as palavras de Madre Teresa: "Nunca deixe que ninguém se despeça de você sem sair melhor e mais feliz. Seja a expressão viva da gentileza de Deus: gentileza no rosto, gentileza nos olhos, gentileza no sorriso".

Caminhe em direção à alegria, ao amor e à virtude. Dê peso à sua coragem. Fomente a percepção: a sabedoria o manterá são e cheio de vida. Compartilhe com o mundo seus dotes singulares. Cerque-se de pessoas que estimulem e apoiem uma elevada conscientização. Não se deve subestimar a força da consciência coletiva. Todos nós somos muito influenciados pelo ambiente. Sábio conselho de Thich Nhat Hanh.

A caminho de meu Lar

Estamos a caminho do lar a cada momento. Estamos a caminho do lar, na prática, a cada momento: a caminho da mãe Terra, de Deus, da dimensão suprema, de nossa verdadeira natureza de ausência de nascimento e ausência de morte. Esse é o nosso verdadeiro lar. Nós nunca o deixamos.

— THICH NHAT HANH

Estou do lado de fora com minha mala, nos degraus da Nova Aldeola. Minha peregrinação de quarenta dias chegou ao fim. O dia de minha partida é dourado e cheio de sol. Antes de ir, há mais uma coisa que preciso fazer. Num gesto final de perdão, e no espírito de Começar Outra Vez, a prática das Irmãs para curar relacionamentos, colhi uma flor silvestre roxa para Vanna. A aflição daquele dia da tradução para o francês no Salão do Buda diminuiu. Isso só aconteceu porque tenho praticado abraçar com compreensão meus sentimentos negativos diante de minha companheira de peregrinação. Tem funcionado. Ouvir o irlandês feliz contar como promoveu a atenção plena diante da raiva que as dificuldades no casamento deflagravam nele fortaleceu minha resolução. Aidan aplicara os ensinamentos do Buda à vida real e havia dado certo. Eles lhe trouxeram lucidez. Em *Cultivating the Mind of Love*, Thich Nhat Hanh nos lembra um poder que sempre está ao nosso alcance: "Quando sentir que outros o estão tentando destruir, se tocar no amor que há dentro de si, você não sofrerá nenhum mal".

A atenção plena é uma capacidade de sobrevivência essencial. Conscientizar-se do que realmente está lá no momento é a única maneira de obter o tipo de percepção que lhe permitirá florescer e voar alto. E nesses momentos de conhecimento, feridas do passado se curam, aflições evaporam-se, emoções são respeitadas e compreendidas, compaixão e amor surgem, relacionamentos se salvam, obsessões perdem a força, oportunidades são reconhecidas e uma segurança profunda e duradoura reina no eu sábio. A lista de benefícios é infinita.

Com a flor roxa em punho, perscruto a área em busca de Vanna. Todos os peregrinos caminham de um lado para o outro, mas agora que *quero* encontrar Vanna, ela não está em lugar algum. Minha carona para a estação está aguardando pacientemente. Escrevo um bilhete com algumas palavras gentis num papel arrancado de meu diário e enrolo-o na flor silvestre com um pedacinho de cordão. Vejo a companheira de quarto de Vanna e peço-lhe que dê a flor à peregrina norte-americana. Num instante, sinto alívio. E, como pétalas de um lótus que se abrem, a alegria começa a agitar-se dentro de mim. Não sei se meu gesto vai mitigar os sentimentos negativos de Vanna em relação a mim. Espero que sim. Percebo, entretanto, que um *mea-culpa* legítimo é o que importa, independentemente da reação que promova. A gentileza autêntica em e por si só traz alívio, e esse ritual budista de dar a flor é genial. Virar do avesso a prática ocidental e abençoar seus "inimigos" com flores: só os budistas pensariam nisso. Flores para todos! Esse bem pode ser meu novo lema. Precisarei dessa habilidade oriental quando voltar para casa. Ela me salvará de muitas e boas, e enriquecerá todos os meus relacionamentos. Você também verá isso; é um milagre.

Estou a caminho do Lar a cada momento.

A Irmã Hanh Nghiêm está de pé à porta do majestoso edifício de pedra cinzenta, da Nova Aldeola, seu lar. Aproximo-me da monja que foi brindada com o nome "ação" e despeço-me. Damo-nos um abraço longo e verdadeiro e não dizemos nada. Em seguida, estou em um Renault prateado a caminho da estação.

No trem para Bordeaux, outro ensinamento do sábio vem-me à mente: "Quando você consegue gerar um pensamento de reconciliação, um pensamento de compaixão, esse tipo de pensamento o cura e começa a curar o mundo. Como praticante, você pode gerar esse tipo de pensamento muitas vezes por dia. Se conseguir pensar assim, você se transformará e transformará o mundo".

A orientação de Thây ficará comigo para sempre. Eu entendi como refugiar-me em meu eu sábio, como ter compaixão por todo o meu ser. E, encontrando meu Lar e a mim mesma, estou inteiramente presente para todos. A compaixão e o amor por toda a vida provêm desse profundo Lar interior. Penso agora nesse anseio por um verdadeiro Lar que me lançou nesta minha peregrinação à Vila das Ameixeiras, na busca de um lugar sábio e forte para viver, para transcender a dor e a solidão da perda de meus pais e para navegar com habilidade pelas águas turbulentas da vida.

Penso nas palavras inaugurais de Thich Nhat Hanh: "No oceano tempestuoso da vida, encontre refúgio em seu eu sábio". Estar na delicada presença, agudeza de percepção e amor de Thây é tocar a liberdade. Pela janela do trem, vejo as colinas cor de oliva e as videiras invernais do interior da França e faço o voto silencioso de sempre lembrar.

Nunca deixei meu Lar.

Agradecimentos

Estou profundamente agradecida pelo amor e apoio de meus irmãos, David Paterson e Iain Paterson, e de minha cunhada, Janice Gould-Paterson. Meus sobrinhos Tobin e Devin e minha sobrinha Tara enchem minha vida de alegria.

É verdade que a criação de um livro exige toda uma equipe. Tudo é interconectado e interdependente. Com essa verdade em mente, agradeço a Lorna Owen pela assistência editorial logo na proposta do livro, a Patrick Crean pela dedicada amizade, valiosa leitura e constantes sugestões, a Ken McGoogan pelas excelentes dicas do *métier*, a Susan Swan e a meus sábios colegas escritores de Toronto, a minha maravilhosa agente Shaun Bradley pelo apoio inestimável, a Samantha Haywood e a todos da Transatlantic Literary Agency. Um agradecimento muito especial a minha editora, Caroline Pincus, pelo entusiasmo e competência, e a Rachel Leach, Susie Pitzen, Pat Rose e a todos da Hampton Roads Publishing.

Obrigada a todos os meus fantásticos e generosos amigos do Lotus Yoga Centre, em Toronto, especialmente a Leea Litzgus, que trouxe minha mala da França para Toronto, e a Shauna MacDonald por meu retiro literário em seu chalé. Agradeço também aos cafés Wagamama e Manic.

Meus sinceros agradecimentos ao Buda, a Thich Nhat Hanh, à Irmã Pinho e a todos os monges e monjas da Vila das Ameixeiras, todos eles lótus brilhantes. E, finalmente, agradeço profundamente a você, leitor.

Recursos

Livros de Thich Nhat Hanh

Anger

The Art of Power

Buddha Mind, Buddha Body

Cultivating the Mind of Love

The Diamond That Cuts Through Illusion

The Heart of the Buddha's Teachings

The Heart of Understanding: Commentaries on the Prajnaparamita Heart Sutra

no death, no fear

The World We Have

Touching Peace: Practicing the Art of Mindful Living [*Vivendo em Paz,* Editora Pensamento, 1996.]

Transformation at the Base [*Transformações na Consciência,* Editora Pensamento, 2003.]

Outros recursos

The Creation — An Appeal to Save Life on Earth, E. O. Wilson

The Five Tibetans, Christopher S. Kilham [*Os Cinco Tibetanos*, Editora
Pensamento, 1999 — fora de catálogo]

Giving, Bill Clinton

Holy the Firm, Annie Dillard

How Shakespeare Changed Everything, Stephen Marche

Joyful Wisdom, Yongey Mingyur Rinpoche

Path to Bliss, Sua Santidade, o Dalai Lama

The Shambhala Sun

Tao Te Ching, tradução inglesa de Stephen Mitchell

The Tibetan Book of Living and Dying, Sogyal Rinpoche

The Vanishing Face of Gaia, James Lovelock

Gaia: Medicine for an Ailing Planet, James Lovelock [*Gaia — Cura para um Planeta Doente*, Editora Cultrix, 2006.]

Sobre Thich Nhat Hanh
e a Vila das Ameixeiras

O Venerável Thich Nhat Hanh é um poeta, estudioso, ativista da paz e monge budista vietnamita. Os esforços que despendeu a vida inteira para promover a paz levaram Martin Luther King, Jr. a indicá-lo para o Prêmio Nobel da Paz de 1967. Thich Nhat Hanh é o fundador da Van Hanh Buddhist University em Saigon, da School for Youths of Social Services no Vietnã e da Igreja Budista Unificada na França. A Vila das Ameixeiras é o mosteiro de Thich Nhat Hanh para monges e monjas na região da Aquitânia, na França. Além disso, é um centro de prática de atenção plena para leigos. O ano de 2012 marcou o 30º aniversário da Vila das Ameixeiras.

Para obter mais informações sobre a Vila das Ameixeiras e Thich Nhat Hanh, visite *www.plumvillage.org*.